KB172006

머 리 말

2005년부터 다양한 교재와 교구들로 외국인을 위한 한국어교육을 하고 있습니다. 그러나 한국어를 처음 접하는 외국인에게 가장 기초적이고 중요한 한국어기초와 발음연습교재가 거의 없습니다. 영어의 파닉스와 같은 한국어 발음연습 교재가 학생들에게는 꼭 필요한 실정입니다. 쉽고 재미있는 발음 연습 교재가 있다면 외국인들의 한국어발음 오류를 훨씬 줄일 수 있겠다는 생각을 자주 했습니다.

특히 다문화예비학교의 KSL 한국어교육은 더욱 정확한 발음문법 교육이 필요합니다. 한국에서 살아야 하고 학교 공부를 계속해야 하므로 정확하게 읽고 발표하고 의미를 듣고 이해하는 발음의 중요성은 아무리 강조해도 무리가 없습니다. 그래서 4년 전부터 한국어기초와 발음연습 교육용 교재"한국어기초1", "한국어기초2"를 직접 제작해서 사용해 오고 있었습니다.
직접 제작한 교재로 교육한 학생들은 이전의 학생들보다 학습능률 향상은 물론이고 정확한 발음으로 읽고 말하고 듣고 쓰는 자신감을 가진 모습을 많이 볼 수 있었습니다. 학생들의 반응도 "쉽고 재미있다."라고 합니다.

기존 사용하던 "한국어기초1", "한국어기초2"를 약간의 수정을 하고 출판을 하는 이 책 "우리교실 한국어기초와 발음 연습책"은 자모음을 읽고 쓰는 과정으로 시작해서 한국어의 비음화, 격음화, 경음화, 'ㄴ'첨가 발음 'ㅎ'과 모음 등을 직접 발음을 쓰고 활용문장을 읽으면서 발음 이론을 이해하는 과정입니다. 빈도수 높은 조사와 어미, 높임말, 동사의 불규칙과 규칙 발음연습, 자주 쓰는 동사, 형용사 짧은 문장도 함께 넣었습니다.
핵심적인 발음 문법을 쉽고 간단하게 배울 수 있도록 " 읽고 쓰고 [ ]안의 발음쓰기와 활용문장 읽기"를 통해 한국어의 읽기와 쓰기가 다름을 이해하게 되면 의미와 관련된 그 다음 교재들(표준한국어, 여러 대학의 외국인을 위한 한국어, 결혼이민자를 위한 한국어)을 교육할 때 선생님들과 학생들이 훨씬 체계적이고 자신감 있는 수업이 되는 것을 현장에서 직접 체험을 했습니다.

책을 출판하는 것은 단순하게 교재를 제작해서 사용하는 것과는 또 다른 어려움이 많았지만 여러 한국어 선생님들과 학생들에게 꼭 필요한 쉽고 간단한 한국어기초와 발음 연습 책이 되리라는 기대감으로 출판에 임합니다.

마지막으로 12년을 믿어주고 행복한 동행이 되어준 여러 나라에서 온 저의 모든 제자들에게 감사함을 전하고 싶습니다. 그리고 까리따스이주민문화센터, 인천국제교류재단, 부평고등학교한국어학당, 당산초등학교다문화예비학교, 화전초등학교다문화예비학교, 석남초등학교다문화예비학교 등에서 여러 차례 수상의 영광과 즐겁고 보람 있는 기회를 허락해주신 관계자 분들께도 지면을 빌려 감사드립니다. 컴퓨터 실력이 부족한 엄마를 열심히 도와준 가족들에게도 고맙다는 말을 꼭 하고 싶습니다. 한국어교육을 처음 시작했던 12년 전 그때의 그 열정과 정성을 끝까지 잃지 않으리라 다짐하며 머리말을 마무리합니다.

2018년 3월 14일

저자 이 경 미

한국어기초와 발음 연습 1

차 례

한국어기초와 발음 연습 2

차 례

한국어기초와 발음 연습 1

1. 이름쓰기

(선생님과 같이 이름을 쓰세요)

선생님					선	생	님
내이름							
아버지							
어머니							

2. 단모음 (母音, vowel)

아 어 오 우 으 이 애 에 외 위

❖ 혀의 위치 / 입술 모양 ❖

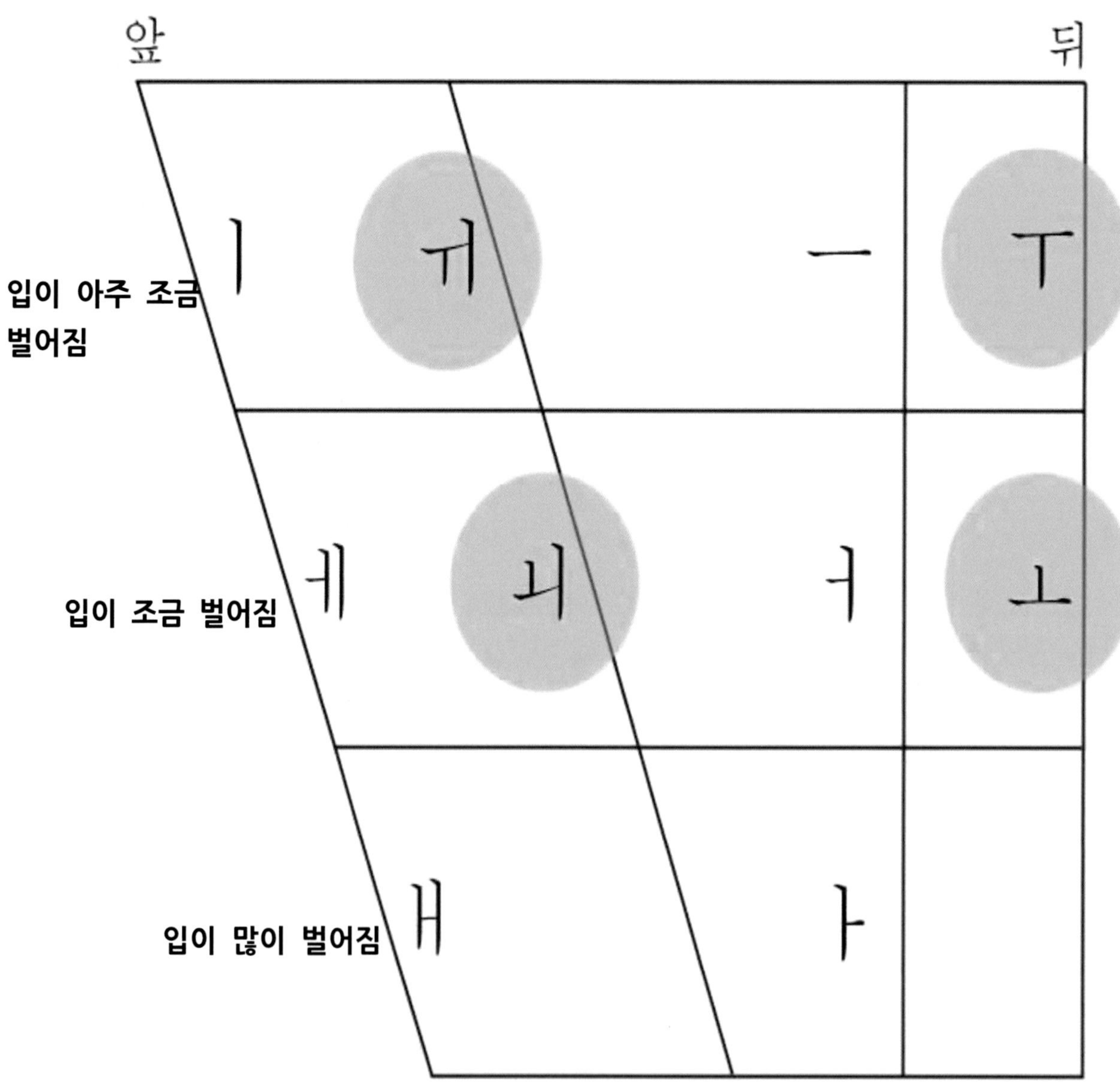

3. 단모음(母音, vowel) (선생님을 따라 읽고 쓰세요.)

ㅏ	a					
ㅓ	eo					
ㅗ	o					
ㅜ	u					
ㅡ	eu					
ㅣ	i					
ㅐ	ae					
ㅔ	e					
ㅚ	oe					
ㅟ	wi					

4. 단모음 단어

(읽고 쓰고 발음을 쓰세요.)

읽기	아이	아우	위	외	어이	우애	오이	외우다	으니까	이에요
쓰기										
발음 쓰기	[ ]	[ ]	[ ]	[ ]	[ ]	[ ]	[ ]	[ ]	[ ]	[ ]

5. 자음의 소리 위치

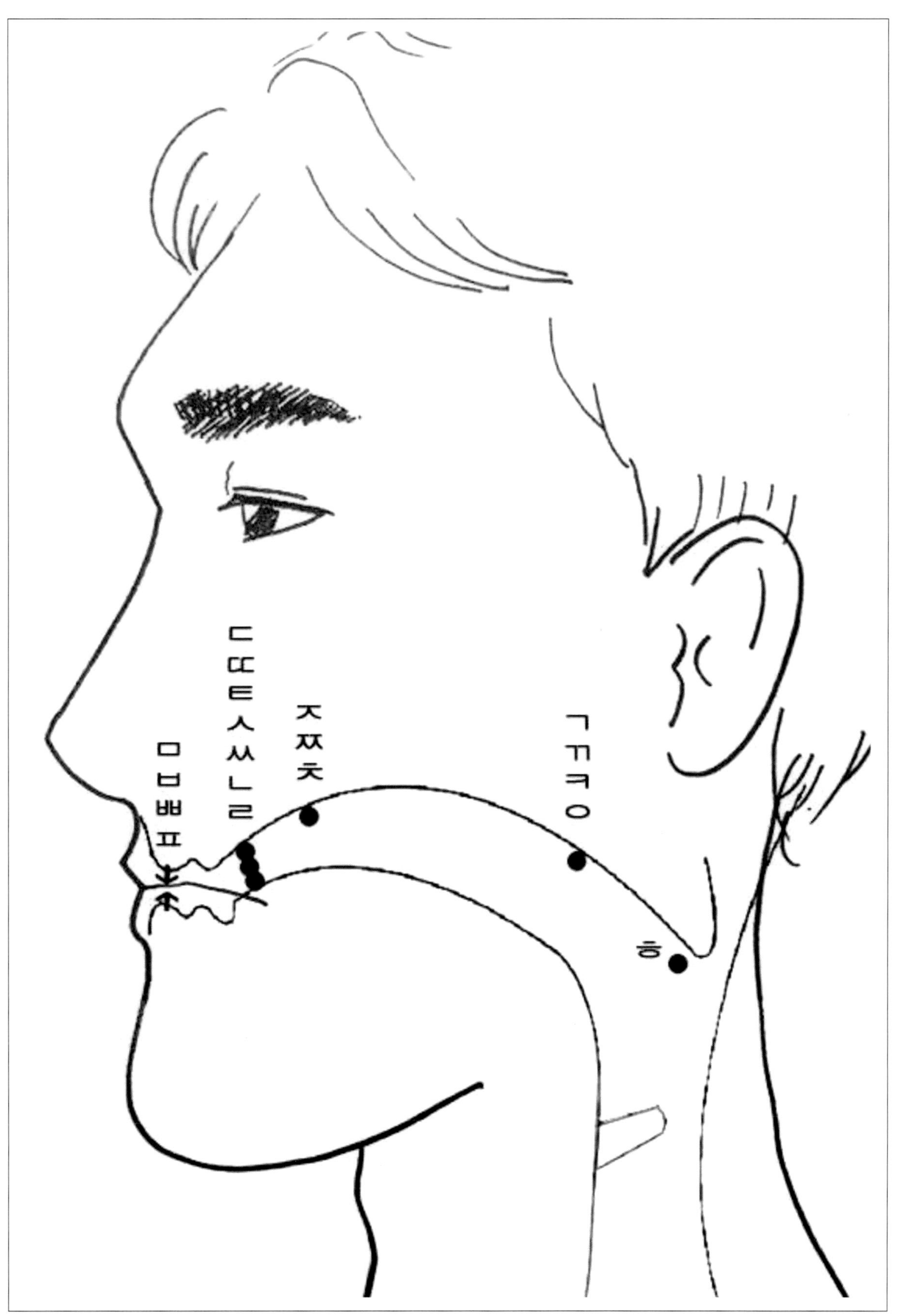

6. 자음 (子音, consonant)

(따라 쓰세요)

ㄱ 기역	g,k	ㄱ				
ㄴ 니은	n	ㄴ				
ㄷ 디귿	d,t	ㄷ				
ㄹ 리을	r,l	ㄹ				
ㅁ 미음	m	ㅁ				
ㅂ 비읍	b,p	ㅂ				
ㅅ 시옷	s	ㅅ				
ㅇ 이응	받침 ng	ㅇ				
ㅈ 지읒	j	ㅈ				

6. 자음 (子音, consonant)

(따라 쓰세요)

자음	발음						
ㅊ 치읓	ch	ㅊ					
ㅋ 키읔	k	ㅋ					
ㅌ 티읕	t	ㅌ					
ㅍ 피읖	p	ㅍ					
ㅎ 히읗	h	ㅎ					
ㄲ 쌍기역	gg	ㄲ					
ㄸ 쌍디귿	dd	ㄸ					
ㅃ 쌍비읍	bb	ㅃ					
ㅆ 쌍시옷	ss	ㅆ					
ㅉ 쌍지읒	jj	ㅉ					

7. 자음과 모음 'ㅡ' 읽기

(선생님을 따라 읽으세요. 그리고 쓰세요.)

그	그					
느	느					
드	드					
르	르					
므	므					
브	브					
스	스					
으	으					
즈	즈					

7. 자음과 모음 'ㅡ' 읽기

(선생님을 따라 읽으세요. 그리고 쓰세요.)

츠	츠					
크	크					
트	트					
프	프					
흐	흐					
끄	끄					
뜨	뜨					
쁘	쁘					
쓰	쓰					
쯔	쯔					

8. 자음 + 단모음

(빈칸에 알맞은 글자를 쓰세요. 그리고 읽으세요.)

자음 \ 모음		ㅏ	ㅓ	ㅗ	ㅜ	ㅡ	ㅣ	ㅔ	ㅐ	ㅚ	ㅟ
ㄱ	기역	가									
ㄴ	니은		너								
ㄷ	디귿			도							
ㄹ	리을				루						
ㅁ	미음					므					
ㅂ	비읍						비				
ㅅ	시옷							세			
ㅇ	이응								애		
ㅈ	지읒									죄	
ㅊ	치읓										취
ㅋ	키읔									쾨	
ㅌ	티읕								태		
ㅍ	피읖							페			
ㅎ	히읗						히				
ㄲ	쌍기역					끄					
ㄸ	쌍디귿				뚜						
ㅃ	쌍비읍			뽀							
ㅆ	쌍시옷		써								
ㅉ	쌍지읒	짜									

9. 자음 + 단모음과 단어

(읽고 쓰고 발음을 쓰세요.)

읽기	가마	거미	구두
쓰기			
발음 쓰기	[ ]	[ ]	[ ]
읽기	고기	개나리	귀
쓰기			
발음 쓰기	[ ]	[ ]	[ ]
읽기	누나	가게	괴수
쓰기			
발음 쓰기	[ ]	[ ]	[ ]
읽기	고래	아기	가다
쓰기			
발음 쓰기	[ ]	[ ]	[ ]

9. 자음 + 단모음과 단어

(읽고 쓰고 발음을 쓰세요.)

읽기	나무	내	너구리
쓰기			
발음 쓰기	[ ]	[ ]	[ ]

읽기	누구	구두	어디
쓰기			
발음 쓰기	[ ]	[ ]	[ ]

읽기	외우다	내부	네
쓰기			
발음 쓰기	[ ]	[ ]	[ ]

읽기	나이	나비	오리
쓰기			
발음 쓰기	[ ]	[ ]	[ ]

9. 자음 + 단모음과 단어

(읽고 쓰고 발음을 쓰세요.)

읽기	개	구	리
쓰기			
발음 쓰기	[		]

읽기	도	토	리
쓰기			
발음 쓰기	[		]

거	리
[	]

나	라
[	]

다	리
[	]

도	로
[	]

라	디	오
[		]

뒤
[ ]

아	래
[	]

노	래
[	]

위	로
[	]

9. 자음 + 단모음과 단어

(읽고 쓰고 발음을 쓰세요.)

읽기	마리	아까	모과
쓰기			
발음 쓰기	[ ]	[ ]	[ ]

읽기	어머니	모자	소
쓰기			
발음 쓰기	[ ]	[ ]	[ ]

읽기	매우	다리미	뫼
쓰기			
발음 쓰기	[ ]	[ ]	[ ]

읽기	이따가	머리	무
쓰기			
발음 쓰기	[ ]	[ ]	[ ]

9. 자음 + 단모음과 단어

(읽고 쓰고 발음을 쓰세요.)

읽기	쓰기	발음 쓰기
바지		[ ]
데뷔		[ ]
바다		[ ]
보자기		[ ]
부르다		[ ]
비누		[ ]
자비		[ ]
베다		[ ]
배우다		[ ]
아버지		[ ]

9. 자음 + 단모음과 단어

(읽고 쓰고 발음을 쓰세요.)

읽기	쉬다	자세	소고	사과	새	스스로	쇠고기	다시마	수고	제	지구
쓰기											
발음 쓰기	[ ]	[ ]	[ ]	[ ]	[ ]	[ ]	[ ]	[ ]	[ ]	[ ]	[ ]

9. 자음 + 단모음과 단어

(읽고 쓰고 발음을 쓰세요.)

읽기	자르다	바퀴	코
쓰기			
발음 쓰기	[ ]	[ ]	[ ]

읽기	치마	채소	추리
쓰기			
발음 쓰기	[ ]	[ ]	[ ]

읽기	체하다	취하다
쓰기		
발음 쓰기	[ ]	[ ]

읽기	크다	키	키우다
쓰기			
발음 쓰기	[ ]	[ ]	[ ]

9. 자음 + 단모음과 단어

(읽고 쓰고 발음을 쓰세요.)

읽기	외투	토지	포크
쓰기			
발음 쓰기	[ ]	[ ]	[ ]

읽기	토마토	튀기다
쓰기		
발음 쓰기	[ ]	[ ]

읽기	피부	토끼	피해
쓰기			
발음 쓰기	[ ]	[ ]	[ ]

읽기	대포	회	포도주
쓰기			
발음 쓰기	[ ]	[ ]	[ ]

9. 자음 + 단모음과 단어

(읽고 쓰고 발음을 쓰세요.)

읽기	호	미		호	수		후	추
쓰기								
발음 쓰기	[	]		[	]		[	]

오	후		어	휘		휘	다
[	]		[	]		[	]

호	랑	이		하	라	고
[		]		[		]

허	리		회	사		하	마
[	]		[	]		[	]

10. 이중모음 (二重母音, diphthong)

(읽고 쓰세요.)

ㅑ	[ㅣ+ㅏ]	ㅑ				
ㅕ	[ㅣ+ㅓ]	ㅕ				
ㅛ	[ㅣ+ㅗ]	ㅛ				
ㅠ	[ㅣ+ㅜ]	ㅠ				
ㅒ	[ㅣ+ㅐ]	ㅒ				
ㅖ	[ㅣ+ㅔ]	ㅖ				
ㅘ	[ㅗ+ㅏ]	ㅘ				
ㅙ	[ㅗ+ㅐ]	ㅙ				
ㅞ	[ㅜ+ㅔ]	ㅞ				
ㅝ	[ㅜ+ㅓ]	ㅝ				
ㅢ	[ㅡ+ㅣ]	ㅢ				

10. 이중모음과 단어 (二重母音, diphthong)

(읽고 쓰고 발음을 쓰세요.)

읽기	유리	여유	여자
쓰기			
발음 쓰기	[ ]	[ ]	[ ]
읽기	야유	우유	얘기
쓰기			
발음 쓰기	[ ]	[ ]	[ ]
읽기	예의	계시다	표
쓰기			
발음 쓰기	[ ]	[ ]	[ ]
읽기	시계	과자	봐요
쓰기			
발음 쓰기	[ ]	[ ]	[ ]

10. 이중모음과 단어 (二重母音, diphthong)

(읽고 쓰고 발음을 쓰세요.)

읽기	쓰기	발음 쓰기
야구		[ ]
돼요		[ ]
세계		[ ]
여우		[ ]
가요		[ ]
써요		[ ]
해요		[ ]
그려요		[ ]
예		[ ]
아야		[ ]
요구		[ ]
왜요		[ ]

11. 잠깐! '의' 발음

(읽고 쓰고 발음을 쓰세요.)

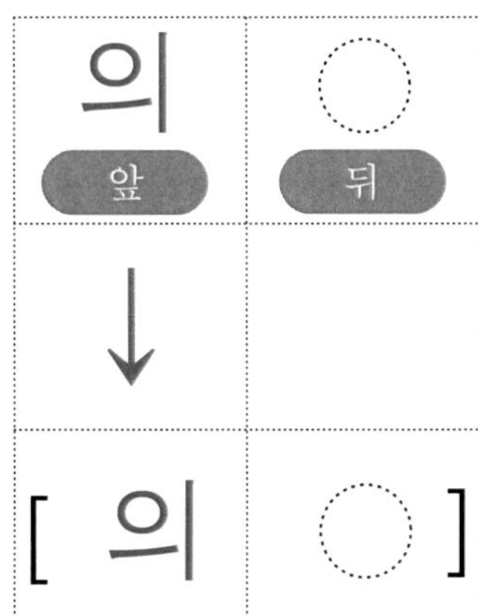

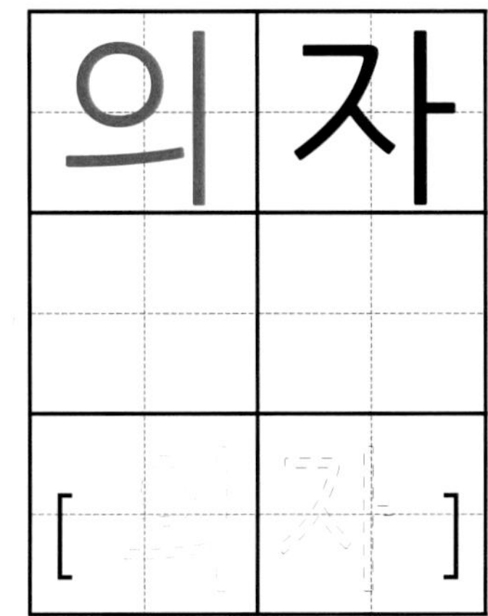

의미

[ ]

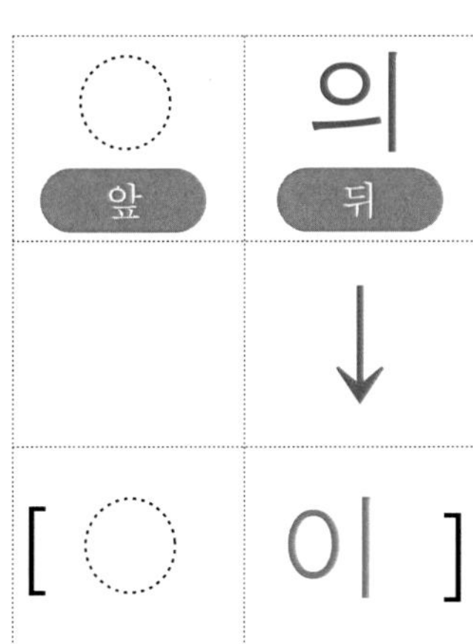

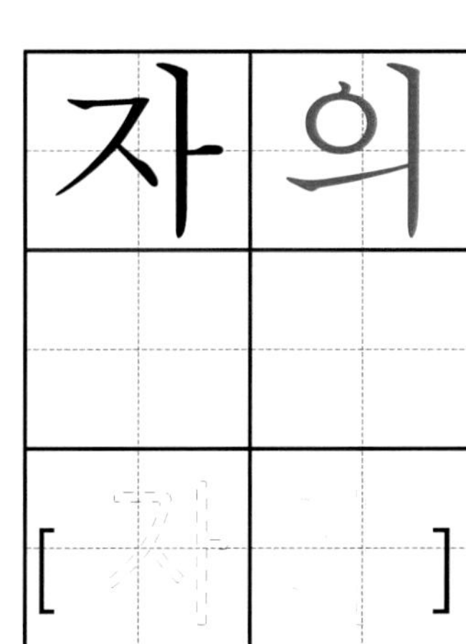

사의

[ ]

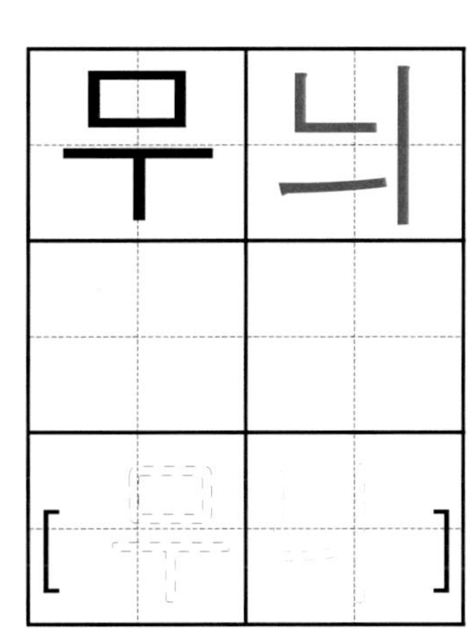

희다

[ ]

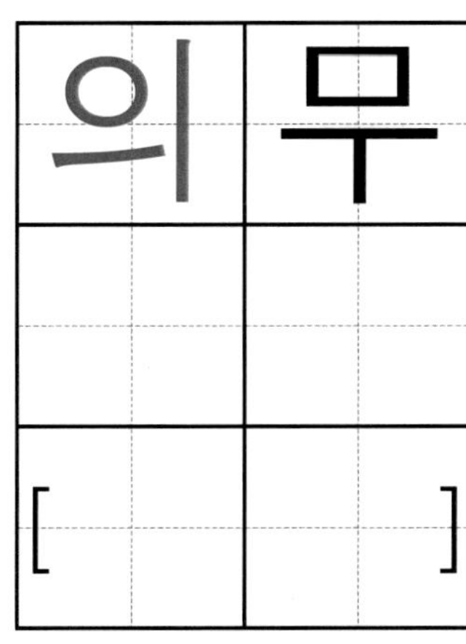

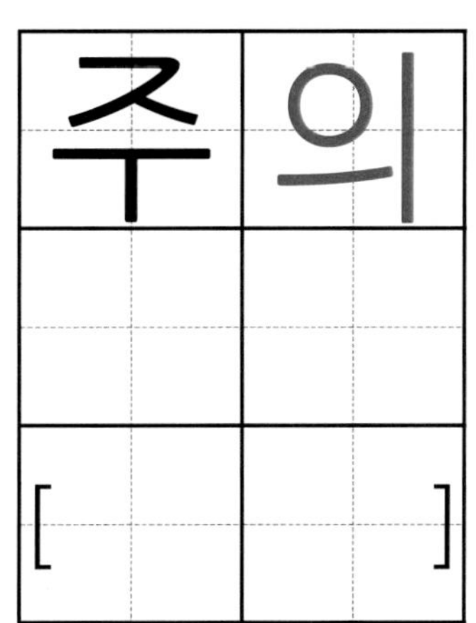

띄다

[ ]

12. 평음, 경음, 격음 발음 알아보기

(읽고 쓰고 발음을 쓰세요.)

읽기	가	치	까	치	가	지
쓰기						
발음 쓰기	[	]	[	]	[	]

읽기	카	메	라	두	꺼	비	코
쓰기							
발음 쓰기	[		]	[			]

읽기	따	르	다	다	르	다
쓰기						
발음 쓰기	[		]	[		]

읽기	따	다	타	다	다	리
쓰기						
발음 쓰기	[	]	[	]	[	]

12. 평음, 경음, 격음 발음 알아보기

(읽고 쓰고 발음을 쓰세요.)

읽기	빠	르	다		바	르	다
쓰기							
발음 쓰기	[		]		[		]

짜	다		차	다		자	다
[	]		[	]		[	]

아	파	트		추	워		빵
[		]		[	]		[ ]

쪼	가	리		따	라	쓰	기
[		]		[			]

12. 평음, 경음, 격음 발음 알아보기

(읽고 쓰고 발음을 쓰세요.)

읽기	그	때	토	끼	뛰	다
쓰기						
발음 쓰기	[	]	[	]	[	]

읽기	파	도	아	까	뿌	리
쓰기						
발음 쓰기	[	]	[	]	[	]

읽기	아	빠	꼬	마	꼬	리
쓰기						
발음 쓰기	[	]	[	]	[	]

읽기	아	파	요	코	끼	리	귀
쓰기							
발음 쓰기	[		]	[			]

13. 자음과 이중모음

(빈칸에 알맞은 글자를 쓰세요. 그리고 읽으세요.)

모음 / 자음	ㅑ 이<아	ㅕ 이<어	ㅛ 이<오	ㅠ 이<우	ㅒ 이<애	ㅖ 이<에	ㅘ 오<아	ㅙ 오<애	ㅞ 우<에	ㅝ 우<어	ㅢ 으<이
ㄱ	갸 기〈아	겨 기〈어	교 기〈오	규 기〈우	걔 기〈애	계 기〈에	과 고〈아	괘 고〈애	궤 구〈에	궈 구〈어	긔 그〈이
ㄴ		녀									
ㄷ			됴								
ㄹ				류							
ㅁ					먜						
ㅂ						볘					
ㅅ							솨				
ㅇ								왜			
ㅈ									줴		
ㅊ										춰	
ㅋ											킈
ㅌ	탸										
ㅍ		펴									
ㅎ			효								
ㄲ				뀨							
ㄸ					떄						
ㅃ						뼤					
ㅆ							쏴				
ㅉ								쫴			

14. 홑받침과 발음

받침	받침	받침	받침	받침	받침	받침	발음
ㄱ	ㄲ	ㅋ					ㄱ
ㄴ							ㄴ
ㄷ	ㅅ	ㅆ	ㅈ	ㅊ	ㅌ	ㅎ	ㄷ
ㄹ							ㄹ
ㅁ							ㅁ
ㅂ	ㅍ						ㅂ
ㅇ							ㅇ

15. 홑받침 읽기

(읽고 쓰고 발음을 쓰세요.)

악	안	앋	알	암	압	앗	앙
아+ㄱ =악	아+ㄴ =안	아+ㄷ =앋	아+ㄹ =알	아+ㅁ =암	아+ㅂ =압	아+ㄷ =앋	아+ㅇ =앙
[ ]	[ ]	[ ]	[ ]	[ ]	[ ]	[ ]	[ ]

앚	앛	앜	앝	앞	앟	앆	았
아+ㄷ =앋	아+ㄷ =앋	아+ㄱ =악	아+ㄷ =앋	아+ㅂ =압	아+ㄷ =앋	아+ㄱ =악	아+ㄷ =앋
[ ]	[ ]	[ ]	[ ]	[ ]	[ ]	[ ]	[ ]

❖ 발음 받아쓰기

• 선생님 말씀을 잘 듣고 _____에 같은 발음의 글자를 쓰세요.

1. [아]____________________________
2. [악]____________________________
3. [안]____________________________
4. [앋]____________________________
5. [알]____________________________
6. [암]____________________________
7. [압]____________________________
8. [앙]____________________________

115. 홑받침 읽기

(읽고 쓰고 발음을 쓰세요.)

각	간	갇	갈	감	갑	갓	강
가+ㄱ =각	가+ㄴ =간	가+ㄷ =갇	가+ㄹ =갈	가+ㅁ =감	가+ㅂ =갑	가+ㄷ =갇	가+ㅇ =강
[ ]	[ ]	[ ]	[ ]	[ ]	[ ]	[ ]	[ ]

갖	갗	갘	같	갚	갛	갂	갔
가+ㄷ =갇	가+ㄷ =갇	가+ㄱ =각	가+ㄷ =갇	가+ㅂ =갑	가+ㄷ =갇	가+ㄱ =각	가+ㄷ =갇
[ ]	[ ]	[ ]	[ ]	[ ]	[ ]	[ ]	[ ]

❖ **발음 받아쓰기**

• 선생님 말씀을 잘 듣고 _____에 같은 발음의 글자를 쓰세요.

1. [가]_____________________________
2. [각]_____________________________
3. [간]_____________________________
4. [갇]_____________________________
5. [갈]_____________________________
6. [감]_____________________________
7. [갑]_____________________________
8. [강]_____________________________

15. 홑받침 읽기

(읽고 쓰고 발음을 쓰세요.)

낙	난	낟	날	남	납	낫	낭
나+ㄱ =낙	나+ㄴ =난	나+ㄷ =낟	나+ㄹ =날	나+ㅁ =남	나+ㅂ =납	나+ㄷ =낟	나+ㅇ =낭
[ ]	[ ]	[ ]	[ ]	[ ]	[ ]	[ ]	[ ]

낫	낮	낰	낱	낲	낳	낚	났
나+ㄷ =낟	나+ㄷ =낟	나+ㄱ =낙	나+ㄷ =낟	나+ㅂ =납	나+ㄷ =낟	나+ㄱ =낙	나+ㄷ =낟
[ ]	[ ]	[ ]	[ ]	[ ]	[ ]	[ ]	[ ]

❖ 발음 받아쓰기

• 선생님 말씀을 잘 듣고 _____에 같은 발음의 글자를 쓰세요.

1. [나]______________________
2. [낙]______________________
3. [난]______________________
4. [낟]______________________
5. [날]______________________
6. [남]______________________
7. [납]______________________
8. [낭]______________________

15. 홑받침 읽기

(읽고 쓰고 발음을 쓰세요.)

닥	단	닫	달	담	답	닷	당
다+ㄱ =닥	다+ㄴ =단	다+ㄷ =닫	다+ㄹ =달	다+ㅁ =담	다+ㅂ =답	다+ㄷ =닫	다+ㅇ =당
[ ]	[ ]	[ ]	[ ]	[ ]	[ ]	[ ]	[ ]

닺	닻	닼	닽	닾	닿	닦	닸
다+ㄷ =닫	다+ㄷ =닫	다+ㄱ =닥	다+ㄷ =닫	다+ㅂ =답	다+ㄷ =닫	다+ㄱ =닥	다+ㄷ =닫
[ ]	[ ]	[ ]	[ ]	[ ]	[ ]	[ ]	[ ]

❖ 발음 받아쓰기

• 선생님 말씀을 잘 듣고 _____에 같은 발음의 글자를 쓰세요.

1. [다]_________________________
2. [닥]_________________________
3. [단]_________________________
4. [닫]_________________________
5. [달]_________________________
6. [담]_________________________
7. [답]_________________________
8. [당]_________________________

15. 홑받침 읽기

(읽고 쓰고 발음을 쓰세요.)

락	란	랃	랄	람	랍	랏	랑
라+ㄱ =락	라+ㄴ =란	라+ㄷ =랃	라+ㄹ =랄	라+ㅁ =람	라+ㅂ =랍	라+ㄷ =랃	라+ㅇ =랑
[ ]	[ ]	[ ]	[ ]	[ ]	[ ]	[ ]	[ ]

랒	랓	랔	랕	랖	랗	띾	랐
라+ㄷ =랃	라+ㄷ =랃	라+ㄱ =락	라+ㄷ =랃	라+ㅂ =랍	라+ㄷ =랃	라+ㄱ =락	라+ㄷ =랃
[ ]	[ ]	[ ]	[ ]	[ ]	[ ]	[ ]	[ ]

❖ 발음 받아쓰기

• 선생님 말씀을 잘 듣고 _____에 같은 발음의 글자를 쓰세요.

1. [라]________________________
2. [락]________________________
3. [란]________________________
4. [랃]________________________
5. [랄]________________________
6. [람]________________________
7. [랍]________________________
8. [랑]________________________

15. 홑받침 읽기

(읽고 쓰고 발음을 쓰세요.)

백	밴	밷	밸	뱀	뱁	뱃	뱅
배+ㄱ =백	배+ㄴ =밴	배+ㄷ =밷	배+ㄹ =밸	배+ㅁ =뱀	배+ㅂ =뱁	배+ㄷ =밷	배+ㅇ =뱅
[ ]	[ ]	[ ]	[ ]	[ ]	[ ]	[ ]	[ ]

뱆	뱇	뱈	뱉	뱊	뱋	밲	뱄
배+ㄷ =밷	배+ㄷ =밷	배+ㄱ =백	배+ㄷ =밷	배+ㅂ =뱁	배+ㄷ =밷	배+ㄱ =백	배+ㄷ =밷
[ ]	[ ]	[ ]	[ ]	[ ]	[ ]	[ ]	[ ]

❖ 발음 받아쓰기

• 선생님 말씀을 잘 듣고 _____에 같은 발음의 글자를 쓰세요.

1. [배]______________________________
2. [백]______________________________
3. [밴]______________________________
4. [밷]______________________________
5. [밸]______________________________
6. [뱀]______________________________
7. [뱁]______________________________
8. [뱅]______________________________

16. 잠깐! '-다' 발음

(읽고 쓰고 발음을 쓰세요.)

앞 받침 X, ㄹ 다 =[다]

가	다		울	다
[가	다]		[울	다]

앞 받침 ㅇ 다 =[따]

먹	다		받	다
[먹	따]		[	]

앞 받침 ㅎ 다 =[타]

좋	다		쌓	다
[조	타]		[	]

오	다
[	]

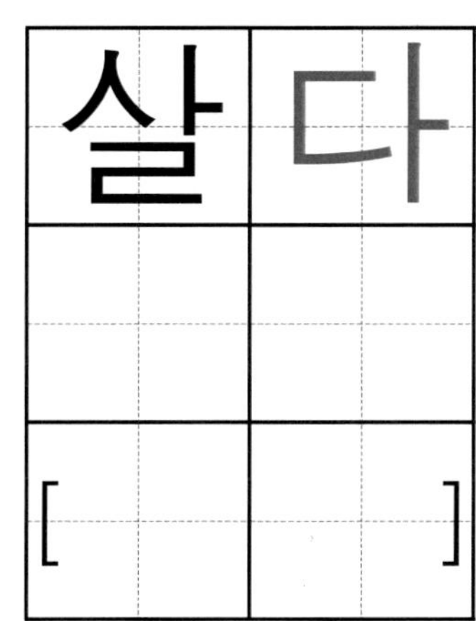

갔	다
[	]

17. 홑받침과 단어

(읽고 쓰고 발음을 쓰세요.)

읽기	웃다	있다	자다
쓰기			
발음 쓰기	[ ]	[ ]	[ ]
읽기	멀다	길다	않다
쓰기			
발음 쓰기	[ ]	[ ]	[ ]
읽기	쉽다	닿다	익다
쓰기			
발음 쓰기	[ ]	[ ]	[ ]
읽기	입다	듣다	같다
쓰기			
발음 쓰기	[ ]	[ ]	[ ]

17. 홑받침과 단어

(읽고 쓰고 발음을 쓰세요.)

17. 홑받침과 단어

(읽고 쓰고 발음을 쓰세요.)

읽기	반	준비	한국인
쓰기			
발음 쓰기	[ ]	[ ]	[ ]

신주머니	친구
[ ]	[ ]

안녕	니은	손뼉
[ ]	[ ]	[ ]

도서관	인사	돈
[ ]	[ ]	[ ]

17. 홑받침과 단어

(읽고 쓰고 발음을 쓰세요.)

읽기	디귿	잇다	시옷
쓰기			
발음 쓰기	[ ]	[ ]	[ ]

읽기	히읗	티읕	무엇
쓰기			
발음 쓰기	[ ]	[ ]	[ ]

읽기	옷이	낫	낮	끝
쓰기				
발음 쓰기	[ ]	[ ]	[ ]	[ ]

읽기	수컷	낳다	웃다
쓰기			
발음 쓰기	[ ]	[ ]	[ ]

17. 홑받침과 단어

(읽고 쓰고 발음을 쓰세요.)

읽기	낫다	탔다	났다
쓰기			
발음 쓰기	[ ]	[ ]	[ ]

읽기	낮다	낟다	낱
쓰기			
발음 쓰기	[ ]	[ ]	[ ]

읽기	낯	솥을	걸어요
쓰기			
발음 쓰기	[ ]	[ ]	[ ]

읽기	맞다	빗	빚	빛
쓰기				
발음 쓰기	[ ]	[ ]	[ ]	[ ]

17. 홑받침과 단어

(읽고 쓰고 발음을 쓰세요.)

읽기	갓에	갓끈	굿을
쓰기			
발음 쓰기	[ ]	[ ]	[ ]

읽기	땋다	티읕	낯을
쓰기			
발음 쓰기	[ ]	[ ]	[ ]

읽기	옷에	밭	숯	젖
쓰기				
발음 쓰기	[ ]	[ ]	[ ]	[ ]

읽기	암컷	숯을	꽃은
쓰기			
발음 쓰기	[ ]	[ ]	[ ]

17. 홑받침과 단어

(읽고 쓰고 발음을 쓰세요.)

읽기	쌀	얼굴	딸기
쓰기			
발음 쓰기	[ ]	[ ]	[ ]

읽기	날씨	연필	일기
쓰기			
발음 쓰기	[ ]	[ ]	[ ]

읽기	말하기	날짜	귤
쓰기			
발음 쓰기	[ ]	[ ]	[ ]

읽기	달	돌	발	물건
쓰기				
발음 쓰기	[ ]	[ ]	[ ]	[ ]

17. 홑받침과 단어

(읽고 쓰고 발음을 쓰세요.)

읽기	쓰기	발음 쓰기
봄		[ ]
이름		[ ]
그림을		[ ]
자음		[ ]
조심		[ ]
엄마		[ ]
짜임		[ ]
미끄럼틀이		[ ]
다람쥐		[ ]
아침		[ ]
몸		[ ]

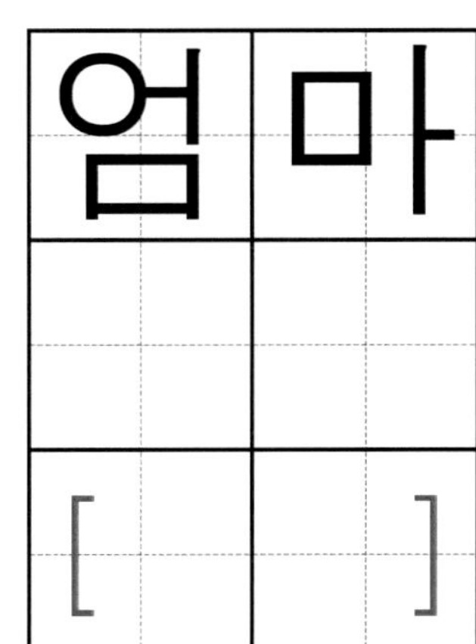

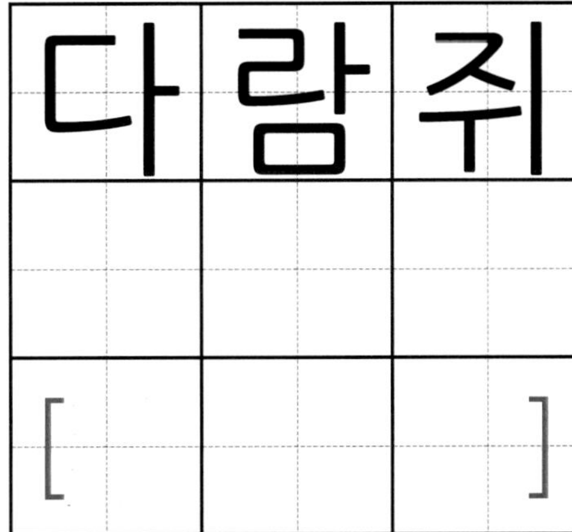

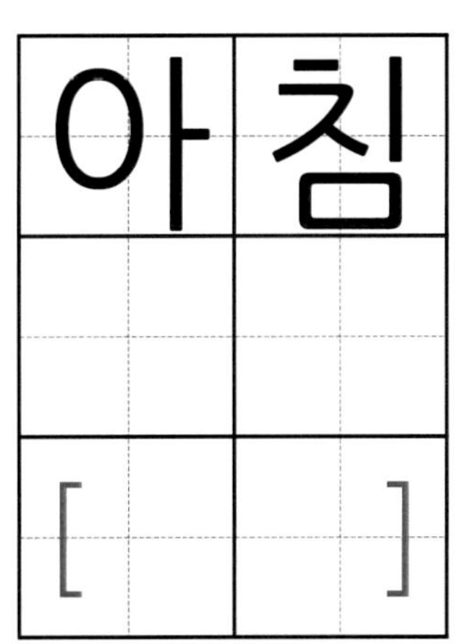

17. 홑받침과 단어

(읽고 쓰고 발음을 쓰세요.)

읽기	모습	비읍	피읖
쓰기			
발음 쓰기	[ ]	[ ]	[ ]

읽기	수업이	입	잎에
쓰기			
발음 쓰기	[ ]	[ ]	[ ]

읽기	무릎	대답	숲
쓰기			
발음 쓰기	[ ]	[ ]	[ ]

읽기	앞	아랍어	쉽다
쓰기			
발음 쓰기	[ ]	[ ]	[ ]

17. 홑받침과 단어

(읽고 쓰고 발음을 쓰세요.)

읽기	호랑이	공	모양
쓰기			
발음 쓰기	[ ]	[ ]	[ ]

읽기	방	통	종	콩
쓰기				
발음 쓰기	[ ]	[ ]	[ ]	[ ]

읽기	이응	동물	내용
쓰기			
발음 쓰기	[ ]	[ ]	[ ]

읽기	필통	가방	생각
쓰기			
발음 쓰기	[ ]	[ ]	[ ]

17. 홑받침과 단어

(읽고 쓰고 발음을 쓰세요.)

읽기

쓰기

발음 쓰기

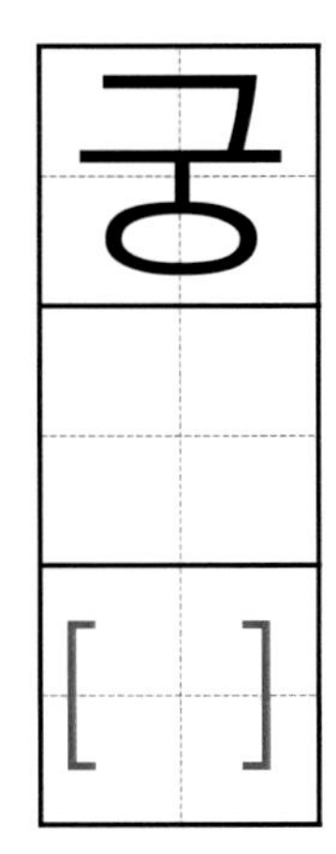

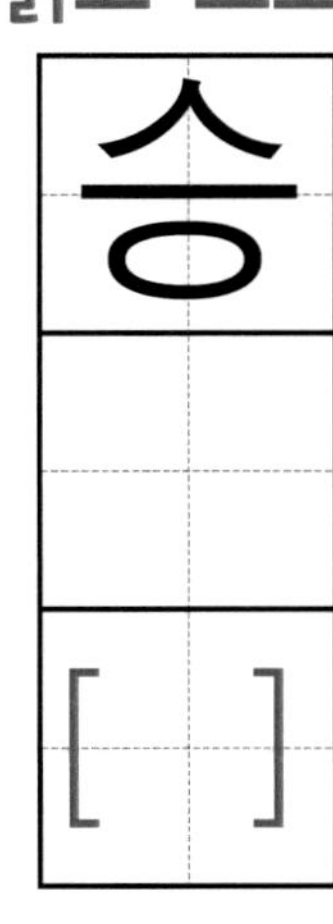

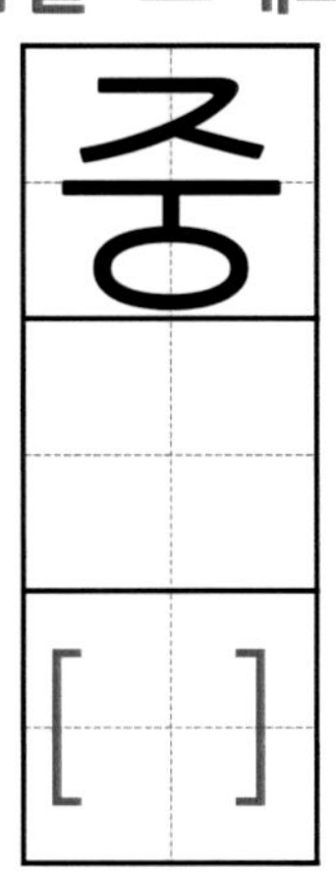

춤을

[ ]

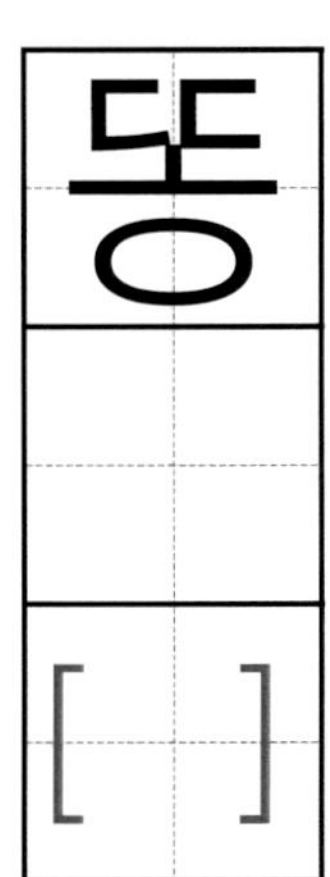

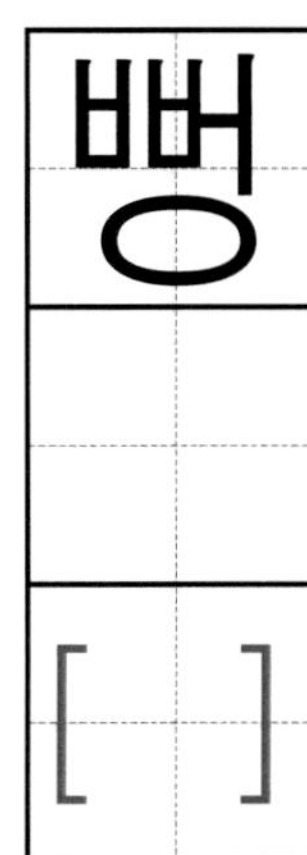

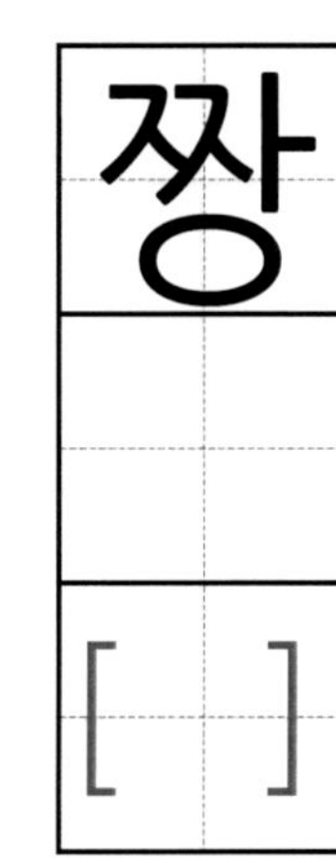

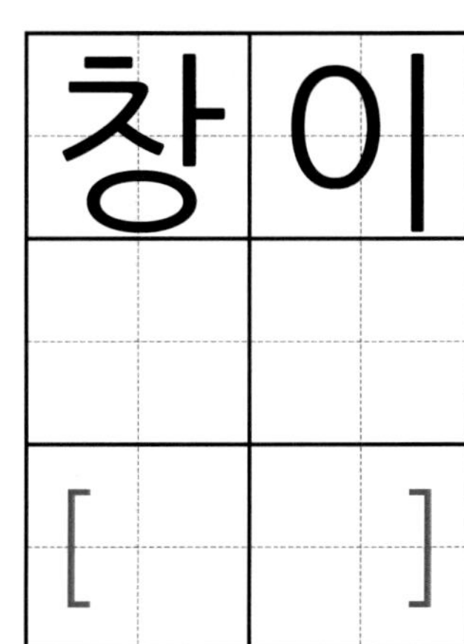

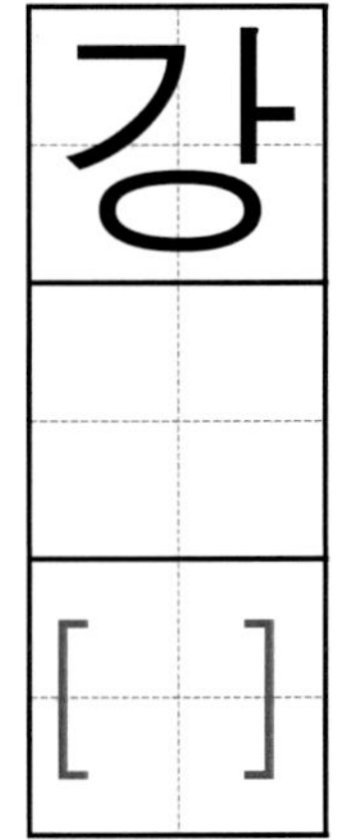

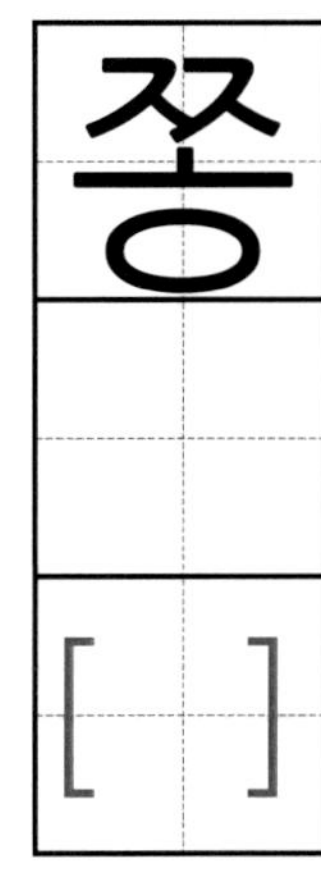

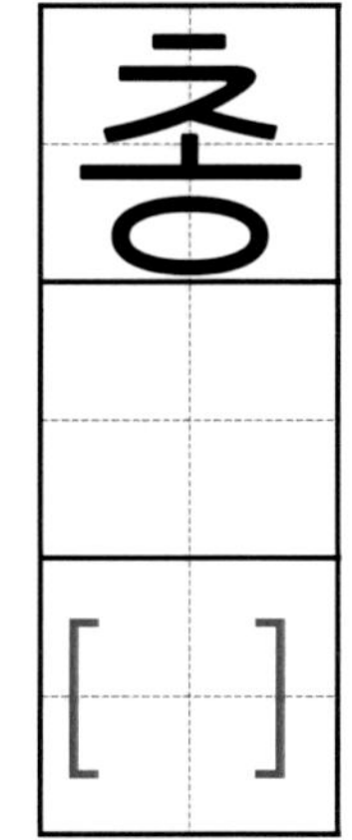

빵은

[ ]

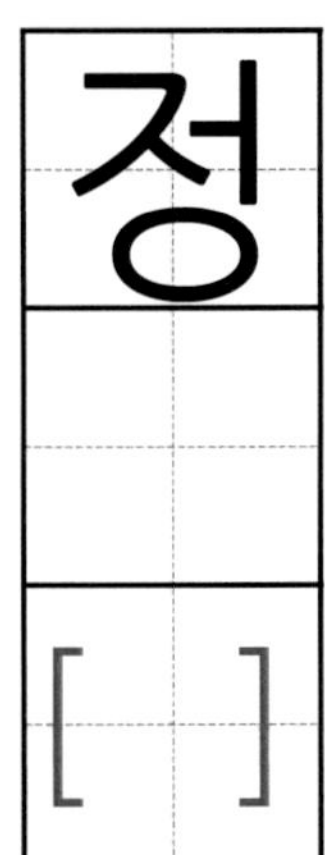

쿵짝

[ ]

깡충

[ ]

18. 잠깐! 'ㅎ' 받침과 모음발음

(읽고 쓰고 발음을 쓰세요.)

ㅎ +모음 =✂ㅎ

좋	아	요
[조	아	요]

쌓	아	요
[		]

많	을	까	요
[마	늘	까	요]

닿	아	요
[		]

싫	으	면
[시	르	면]

뚫	어	요
[		]

괜	찮	아	요
[			]

19. 겹받침과 발음

받침	발음
ㄱㅅ	ㄱ
ㄴㅈ	ㄴ
ㄴㅎ	ㄴ
ㄹㄱ	ㄱ
ㄹㅁ	ㅁ
ㄹㅂ	ㄹ 〉 ㅂ
ㄹㅅ	ㄹ
ㄹㅌ	ㄹ
ㄹㅍ	ㅂ
ㄹㅎ	ㄹ
ㅂㅅ	ㅂ

20. 겹받침과 단어

(읽고 쓰고 발음을 쓰세요.)

읽기	쓰기	발음 쓰기
넋		[ ]
넋이		[ ]
몫이요		
앉다		[ ]
앉으십시오		[ ]
않다		[ ]
닳다		[ ]
닳아		[ ]
많아요		[ ]
얹어요		[ ]

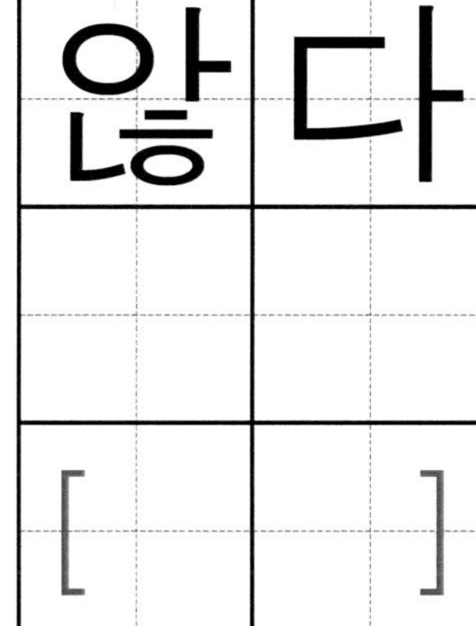

20. 겹받침과 단어

(읽고 쓰고 발음을 쓰세요.)

읽기

쓰기

발음 쓰기

닭 [ ]

읽다 [ ]

읽어요 [ ]

읽으십시오 [ ]

까닭 [ ]

젊다 [ ]

젊어 [ ]

삶다 [ ]

삶아 [ ]

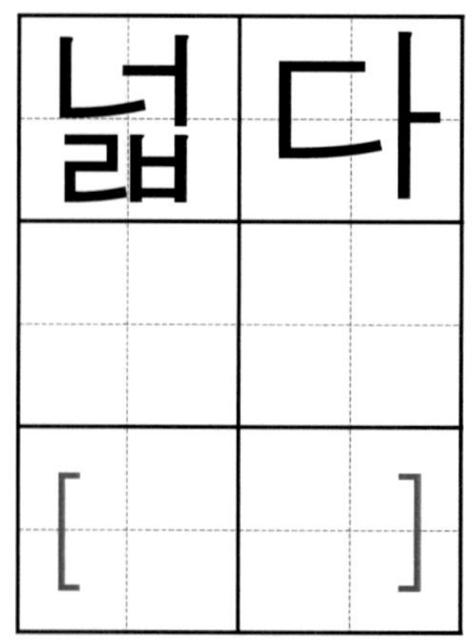

넓다 [ ]

넓어 [ ]

20. 겹받침과 단어

(읽고 쓰고 발음을 쓰세요.)

읽기	얇다	밟다	밟아
쓰기			
발음 쓰기	[ ]	[ ]	[ ]

읽기	외곬	외곬으로
쓰기		
발음 쓰기	[ ]	[ ]

읽기	핥다	핥아	뚫다
쓰기			
발음 쓰기	[ ]	[ ]	[ ]

읽기	읊다	읊어	닳다
쓰기			
발음 쓰기	[ ]	[ ]	[ ]

20. 겹받침과 단어

(읽고 쓰고 발음을 쓰세요.)

읽기	쓰기	발음 쓰기
읽다		[ ]
잃어버리다		[ ]
없다		[ ]
없어지다		[ ]
값		[ ]
값이		[ ]
비싸요		[ ]
발을		[ ]
밟았어요.		[ ]

21. 겹받침 읽기

(읽어 보세요)

받침	기본형 단어	-아요/어요	-고
ㄹ ㄱ	읽다[익따] 밝다[박따]	읽어요[일거요] 밝아요[발가요]	읽고[일꼬] 밝고[발꼬]
ㄴ ㅈ	앉다[안따] 얹다[언따]	앉아요[안자요] 얹어요[언저요]	앉고[안꼬] 얹고[언꼬]
ㄴ ㅎ	많다[만타] 않다[안타]	많아요[마나요] 않아요[아나요]	많고[만코] 않고[안코]
ㄹ ㅁ	삶다[삼따] 곪다[곰따]	삶아요[살마요] 곪아요[골마요]	삶고[삼꼬] 곪고[곰꼬]
ㄹ ㅂ	밟다[밥따] 얇다[얄따]	밟아요[발바요] 얇아요[얄바요]	밟고[밥꼬] 얇고[얄꼬]
ㄹ ㅌ	핥다[할따] 훑다[훌따]	핥아요[할타요] 훑어요[훌터요]	핥고[할꼬] 훑고[훌꼬]
ㄹ ㅍ	읊다[읍따]	읊어요[을퍼요]	읊고[읍꼬]
ㄹ ㅎ	싫다[실타] 뚫다[뚤타]	싫어요[시러요] 뚫어요[뚜러요]	싫고[실코] 뚫고[뚤코]
ㅂ ㅅ	없다[업따]	없어요[업써요]	없고[업꼬]

22. 자주 쓰는 동사

(읽어보세요.)→ 습니다 [슴니다]/ ㅂ니다 [ㅁ니다]

1 오다 > 옵니다 > 와요 > 아침 일찍 학교에 와요.

2 가다 > 갑니다 > 가요 > 공부 끝나고 집에 가요.

3 앉다 > 앉습니다 > 앉아요 > 의자에 앉아요.

4 눕다 > 눕습니다 > 누워요 > 침대에 누워요.

5 자다 > 잡니다 > 자요 > 밤 10시에 자요.

6 일어나다 > 일어납니다 > 일어나요 > 아침 7시에 일어나요.

7 서다 > 섭니다 > 서요 > 버스가 정류장에 서요.

8 기다리다 > 기다립니다. > 기다려요 > 잠깐만 기다려요.

9 만나다 > 만납니다 > 만나요 > 운동장에서 친구를 만나요.

10 먹다 > 먹습니다 > 먹어요 > 아침밥을 먹어요.

11 마시다 > 마십니다 > 마셔요 > 물을 마셔요.

12 배우다 > 배웁니다 > 배워요 > 태권도를 배워요.

13 공부하다 > 공부합니다 > 공부해요 > 한국어를 공부해요.

14 가르치다 > 가르칩니다 > 가르쳐요 > 선생님이 한국어를 가르쳐요.

15 읽다 > 읽습니다 > 읽어요 > 책을 읽어요.

16 보다 > 봅니다 > 봐요 > 영화를 봐요.

17 쓰다 > 씁니다 > 써요 > 편지를 써요.

18 듣다 > 듣습니다 > 들어요 > 음악을 들어요.

19 주다 > 줍니다 > 줘요 > 친구에게 연필을 줘요.

20 받다 > 받습니다 > 받아요 > 선물을 받아요.

21 사다 > 삽니다 > 사요 > 문구점에서 지우개를 사요.

22 켜다 > 켭니다 > 켜요 > 불을 켜요.

23 끄다 > 끕니다 > 꺼요 > 불을 꺼요.

24 찾다 > 찾습니다 > 찾아요 > 길을 찾아요.

25 잃어버리다 > 잃어버립니다 > 잃어버려요 > 지갑을 잃어버렸어요.

26 감다 > 감습니다 > 감아요 > 눈을 감아요.

27 쉬다 > 쉽니다 >쉬어요 > 피곤하니까 좀 쉬어요.

28 신다 > 신습니다 > 신어요 > 신발을 신어요.

29 벗다 > 벗습니다 > 벗어요 > 옷을 벗어요.

30 입다 > 입습니다 > 입어요 > 옷을 입어요.

31 살다 > 삽니다 > 살아요 > 서울에서 살아요.

32 알다 > 압니다 > 알아요 > 중국어를 알아요.

33 벌다 > 법니다 > 벌어요 > 돈을 벌어요.

34 열다 > 엽니다 > 열어요 > 창문을 열어요.

35 닫다. > 닫습니다 > 닫아요 > 문을 닫아요.

36 타다 > 탑니다 > 타요 > 버스를 타요.

37 외우다 > 외웁니다 > 외워요 > 단어를 외워요.

38 싫어하다 > 싫어합니다 > 싫어해요 > 벌레를 싫어해요.

39 좋아하다 > 좋아합니다 > 좋아해요> 컴퓨터 게임을 좋아해요.

40 따라하다 > 따라합니다 > 따라해요 > 선생님을 따라해요.

41 여행하다 > 여행합니다 > 여행해요 > 주말에 여행해요.

42 싸우다 > 싸웁니다 > 싸워요 > 나쁜 친구랑 싸워요.

43 끼다 > 낍니다 > 껴요 > 손가락에 반지를 껴요.

44 부치다 > 부칩니다 > 부쳐요 > 우체국에서 편지를 부쳐요.

45 붙이다 > 붙입니다 > 붙여요 > 풀로 붙여요.

46 울다 > 웁니다 > 울어요 > 아기가 울어요.

47 웃다 >웃습니다 > 웃어요 > 엄마가 아기를 보면서 웃어요.

48 그리다 > 그립니다 > 그려요 > 그림을 그려요.

49 지우다 > 지웁니다 > 지워요 > 지우개로 지워요.

50 펴다 > 폅니다 > 펴요 > 책을 펴요.

23. 자주 쓰는 형용사

(읽어보세요.)→ 습니다 [슴니다]/ ㅂ니다 [ㅁ니다]

1 예쁘다 > 예쁩니다 > 예뻐요 > 꽃이 예뻐요.

2 바쁘다 > 바쁩니다 > 바빠요 > 일이 많아서 바빠요.

3 기쁘다 > 기쁩니다 > 기뻐요 > 만나서 기뻐요.

4 고프다 > 고픕니다 > 고파요 > 배가 고파요.

5 아프다 > 아픕니다 > 아파요 > 머리가 아파요.

6 나쁘다 > 나쁩니다 > 나빠요 > 기분이 나빠요.

7 재미있다 > 재미있습니다 > 재미있어요 > 컴퓨터 게임은 재미있어요.

8 재미없다 > 재미없습니다 > 재미없어요 > 혼자 놀아서 재미없어요.

9 맛있다 > 맛있습니다 > 맛있어요 > 고기가 맛있어요.

10 맛없다 > 맛없습니다 > 맛없어요 > 싱거워서 맛없어요.

11 춥다 > 춥습니다 > 추워요 > 겨울은 추워요.

12 덥다 > 덥습니다 > 더워요 > 여름은 더워요.

13 무겁다 > 무겁습니다 > 무거워요 > 책가방이 무거워요.

14 가볍다 > 가볍습니다 > 가벼워요 > 공책은 가벼워요.

15 어둡다 > 어둡습니다 > 어두워요 > 밤은 어두워요.

16 밝다 > 밝습니다 > 밝아요 > 낮은 밝아요.

17 어렵다 > 어렵습니다 > 어려워요 > 문법은 어려워요.

18 쉽다 > 쉽습니다 > 쉬워요 > 1 더하기 1은 쉬워요.

19 고맙다 > 고맙습니다 > 고마워요 > 도와주셔서 고마워요.

20 귀엽다 > 귀엽습니다 > 귀여워요 > 아기는 모두 귀여워요.

21 같다 > 같습니다 > 같아요 > 쌍둥이는 얼굴이 같아요.

22 빠르다 > 빠릅니다 > 빨라요 > 버스보다 지하철이 빨라요.

23 느리다 > 느립니다 > 느려요 > 거북이와 달팽이는 느려요.

24 다르다 > 다릅니다 > 달라요 > 쌍둥이도 성격은 달라요.

25 부르다 > 부릅니다 > 불러요 > 많이 먹어서 배가 불러요.

26 젊다 > 젊습니다 > 젊어요 > 아가씨는 젊어요.

27 좋다 > 좋습니다 > 좋아요 > 한국과 중국 둘 다 좋아요.

28 적다 > 적습니다 > 적어요 > 2개는 적어요. 10개 주세요.

29 많다 > 많습니다 > 많아요 > 10개는 많아요. 1개만 주세요.

30 비싸다 > 비쌉니다 > 비싸요 > 오이 한 개에 만원이면 너무 비싸요.

31 싸다 > 쌉니다 > 싸요 > 오이 한 개에 100원이면 아주 싸요.

32 맵다 > 맵습니다 > 매워요 > 고추장이 매워요.

33 짜다 > 짭니다 > 짜요 > 소금이 짜요.

34 시다 > 십니다 > 시어요 > 식초가 시어요.

35 달다 > 답니다 > 달아요 > 사탕은 달아요.

36 더럽다 > 더럽습니다 > 더러워요 > 청소를 안 해서 더러워요.

37 깨끗하다 > 깨끗합니다 > 깨끗해요 > 청소를 해서 깨끗해요.

38 쓰다 > 씁니다 > 써요 > 약은 써요.

한국어기초와
발음 연습 2

1. 받침과 모음 발음

❖ **받침 + 모음 ⇒ [받침↷모음]**

집으로 **[지브로]**, 아래쪽에 **[아래쪼게]**

찾으러 **[차즈러]**, 만들어요 **[만드러요]**

있어요 **[읻써요, 이써요]**, 밖을 **[바끌]**

《연 습》

❖ **발음을 쓰고 읽으세요.**

꽃이 [ ]

꽃으로 [ ]

기억에 [ ]

먹으면 [ ]

그림을 [ ]

까닭을 [ ]

교실에서 [ ]

계단으로 [ ]

앉아요 [ ]

❖ 읽어 보세요.

밥을 먹어요.
이것은 무엇일까요?
그림을 그려요.
한국어 선생님은 예뻐요.
무궁화 꽃이 피었습니다.
까닭을 알 수 없어요.
책상 위에 책이 있어요.

정말이냐?
문장을 만들어 봅시다.
젓가락 두 짝이 똑 같아요.
풀밭에서 볼 수 있는 곤충.
집으로 돌아왔어요.
무엇에 대하여 쓴 글인지 생각해 봅시다.

2. 'ㅎ' 받침과 모음 발음

❖ 'ㅎ' 받침 + 모음 ⇒[ㅎ̸]
좋아요 [조아요] 잃어버린[이러버린] 쌓아요[싸아요]
싫어요 [시러요] 속앓이[소가리] 많으니까[마느니까]

《연 습》

❖ 발음을 쓰고 읽으세요.

좋은 친구 [ ]

괜찮아서 [ ]

많으므로 [ ]

뚫어요 [ ]

많은 사람 [ ]

괜찮은데요 [ ]

많을까요 [ ]

않았습니다 [ ]

-지 않아요 [ ]

괜찮아요 [ ]

많아요 [ ]

❖ **읽어 보세요.**

저는 매운 음식은 안 좋아해요.
아직 매운 김치는 먹어 보지 않았어요.
이 옷 괜찮은데요.
오늘 놀이 공원에 사람이 많을까요?
주머니 속에 손을 넣었어요.
저는 선생님이 좋아요.
지하철에서 지갑을 잃어버렸어요.
단어를 넣어 문장을 만들어 보세요.
야채에는 좋은 영양소가 많으므로 꼭 먹어야 합니다.
막힌 하수구를 뚫어요.
떨어진 나뭇잎이 차곡차곡 쌓여갔어요.

3. '같이' 발음

❖ **받침 'ㄷ', 'ㅌ' + 이(이, 야, 여, 요, 유, 예, 얘)**
⇒ **[ㄷ→ㅈ, ㅌ→ㅊ]**
같이 **[가치]**, 붙여요 **[부쳐요]**
맏이 **[마지]**, 붙임딱지 **[부침딱찌]**
넋받이 **[넉빠지]**
덧붙이기 **[덛뿥이기→덛뿌치기]**

《**연 습**》

❖ **발음을 쓰고 읽으세요.**

곧이 [ ]

솥이 [ ]

여닫이 [ ]

끝이 [ ]

바깥이 [ ]

붙여쓰기 [ ]

밑이 [ ]

쇠붙이 [ ]

❖ 읽어 보세요.

해돋이를 보기 위해서 새벽 5시에 일어났어요.
붙임 딱지를 붙이세요.
제가 우리 집에서 맏이예요.
같이 농구하러 가요.
토요일에 우리 같이 농구 할래?

4. 동사, 형용사 '-다' 발음

❖ **받침 ○ + 다 ⇒ [따]**
먹다 **[먹따]**, 앉다 **[안따]**, 재미없다 **[재미업따]**

《연 습》

❖ **발음을 쓰고 읽으세요.**

읽다 [ ]

듣다 [ ]

재미있다 [ ]

❖ **받침 X + 다 ⇒ [다]**
가다 [가다], 공부하다 [공부하다], 아프다 [아프다]

《연 습》

❖ **발음을 쓰고 읽으세요**

오다 [ ]

가르치다 [ ]

예쁘다 [ ]

❖ 'ㄹ' 받침 + 다 ⇒ [다]
달다 [달다], 알다 [알다], 살다 [살다]

《연 습》

❖ 발음을 쓰고 읽으세요

팔다 [ ]

길다 [ ]

놀다 [ ]

❖ 받침 'ㅎ' + 다 ⇒ [타]
많다 [만타], 좋다 [좋타], 않다 [안타]

《연 습》

❖ 발음을 쓰고 읽으세요

놓다 [ ]

않다 [ ]

싫다 [ ]

낳다 [ ]

넣다 [ ]

노랗다 [ ]

❖ **읽어 보세요.**

밥을 먹다.
의자에 앉다.
게임은 재미있다.
집으로 가다.
학교로 오다.
밤 11시에 자다.
설탕은 달다.

쉬는 시간에 놀다.
선생님은 적고 학생들이 많다.
사물함에 책을 넣다.
옌메이주는 매운 음식은 싫다고 한다.
가을에는 단풍이 노랗고 빨갛다.

5. 주격 조사 '이', '가'

❖ 앞 받침 ○/X ⇒ 이/가
선생님이, 곰이, 다냘이,
친구가, 하미드가, 민수가, 하마가

하미드가 웃어요.
친구가 노래를 불러요.
다냘이 **웃어요.**
선생님이 **물을 마셔요.**

《연 습》

❖ 조사(이/가)를 쓰세요.

곰(   ) 물고기를 먹어요.

사자(   ) 하품을 해요.

엄마(   ) 제일 좋아요.

아빠(   ) 회사에 가셨어요.

이경미 한국어 선생님(   ) 한국어를 가르쳐요.

친구(   ) 오늘 저녁에 만나자고 해요.

6. 목적격 조사 '을', '를'

❖ 앞 받침 O/X ⇒ 을/를

선생님을, 다냐을, 귤을, 하미드를, 사과를, 친구를

다냐이 공부를 하고 하미드는 한글게임을 해요.
선생님이 한국어를 가르쳐요.
저는 귤을 먹어요.

《연 습》

❖ 조사(을/를)를 쓰세요.

이경미 선생님이 학생(　　) 가르쳐요.

우리는 한국어(　　) 배워요.

도서관에서 책(　　) 읽습니다.

목이 말라서 물(　　) 마십니다.

원숭이가 바나나(　　) 먹어요.

7. '은', '는' 보조사

❖ **앞 받침 ○/× ⇒ 은/는**

선생님은, 수박은, 곰은, **친구는, 딸기는, 하마는**

선생님은 **키가 커요.**
사라는 키가 작아요.

《연 습》

❖ **조사(은/는)을 쓰세요.**

원숭이(　) 바나나를 먹어요.

사슴(　) 뿔이 있어요.

기린(　) 목이 길어요.

하마(　) 입이 큽니다.

다람쥐(　) 도토리를 좋아해요.

선생님(　) 예뻐요.

제 친구(　) 필리핀 사람이에요.

제 이름(　) 태물랭이에요.

8. 코 울림소리 1

◆ **받침 ㅂ, ㄷ, ㄱ + ㄴ, ㅁ ⇒[ㅂ→ㅁ, ㄷ→ㄴ, ㄱ→ㅇ]**

습니다 **[슴니다]**, 듣는 **[든는]**

작년 **[장년]**, 출입문 **[추림문]**

뒷말 **[뒫말→뒨말]**, 식물 **[싱물]**

❖ **받침 ㅂ + ㄴ, ㅁ ⇒ [ㅂ→ㅁ] 받침**

압니다 **[암니다]**, 연습문제 **[연슴문제]**

《연 습》

❖ **발음을 쓰세요.**

돕는 [ ]

갑니다 [ ]

앞니 [ ]

있었습니다 [ ]

없는 [ ]

앞문 [ ]

값만 [ ]

월급날 [ ]

반갑네요 [ ]

연습문제 [ ]

봅니다 [ ]

❖ **읽어 보세요.**

값만 싸다면 사고 싶어요.
외국에서 온 학생을 돕는 한국어 선생님.
정답만 쓰세요.
앞문이 열렸어요.
이가 아파서 치과에 갔습니다.
색연필이 없는 학생은 짝에게 빌리세요.
오늘 숙제는 수학 2단원 연습문제 풀기.

9. 코 울림소리 2

❖ 받침 ㄷ + ㄴ, ㅁ ⇒ [ㄷ→ㄴ]

있는 **[읻는→인는]**, 뒷모습 **[뒫모습→뒨모습]**

맞는다 **[맏는다→만는다]**, 낱말 **[낟말→난말]**

했는지 **[핻는지→핸는지]**, 그랬니 **[그랟니→그랜니]**

듣는 **[든는]**, 옛날 **[옏날→옌날]**, 동짓날 **[동짇날→동진날]**

《연 습》

❖ 발음을 쓰세요.

있었는데 [ ]

첫눈 [ ]

갔는데 [ ]

맞는데 [ ]

끝나요 [ ]

낱말 [ ]

뒷모습 [ ]

뒷말 [ ]

했는지 [ ]

그랬니 [ ]

있나요 [ ]

않았는데 [ ]

혼잣말 [ ]

끝내고 [ ]

꽃만 [ ]

얻는다 [ ]

콧노래 [ ]

짖는 [ ]

생겼는데 [ ]

❖ 읽어 보세요.

옛날 옛날에 호랑이 한 마리가 살았어요.
감기가 들어서 콧물이 나와요.
기분이 좋아서 콧노래를 불러요.
하늘에서 별이 반짝 반짝 빛나고 있네요.
콩쥐는 착하고 순진하게 생겼는데,
글에서 중심 생각을 찾는 것이 중요합니다.
다음 그림을 보고 무엇을 하고 있는지 이야기해 보세요.
웃는 얼굴이 예쁩니다.
털이 하얗고 멍멍 짖는 예쁜 강아지를 봤어요.
동짓날에는 팥죽을 먹어요.

10. 코 울림소리 3

❖ **받침 ㄱ + ㄴ, ㅁ ⇒ [ㄱ→ㅇ]**

먹는 **[멍는]**, 읽는 **[익는→잉는]**

흙먼지 **[흑먼지→흥먼지]**, 국물 **[궁물]**, 학년 **[항년]**

《연 습》

❖ **발음을 쓰세요.**

칡넝쿨 [ ]

작년 [ ]

읽는 [ ]

긁는 [ ]

흙먼지 [ ]

읽는다 [ ]

깎는 [ ]

묵념 [ ]

박물관 [ ]

❖ 읽어 보세요.

저는 작년 9월에 한국에 왔어요.
글을 읽는 사람을 독자라고 합니다.
저 옛날 배우 기억나요?
바나나를 먹는 원숭이.
라면은 국물이 정말 끝내줘요.
토요일에 박물관 견학이 있어요.
저는 몽골에서 온 3학년 1반 태물랭이에요.

11. 코 울림소리 4

◆ **'ㄹ' 은 'ㄹ' 아닌 받침 뒤에서 [ㄹ→ㄴ]으로 소리**

정리 **[정니]**, 강릉**[강능]**

담력**[담녁]**, 청라**[청나]**

서곶로 **[서곧노→서곤노]**

대학로 **[대학노→대항노]**, 격려**[격녀→경녀]**

수업료 **[수업뇨→수엄뇨]**

❖ **받침 ㅁ, ㅇ + ㄹ ⇒ [ㄹ→ㄴ]**

염려 **[염녀]**, 종류 **[종뉴]**, 정리 **[정니]**

《연 습》

❖ **발음을 쓰세요.**

염려 [ ]

종류 [ ]

항로 [ ]

대통령 [ ]

남루 [ ]

백리 [ ]

강릉 [ ]

음료수 [ ]

❖ **읽어 보세요.**

김치의 종류가 많아요?
종로에서 뺨 맞고 한강에서 눈 흘긴다.
너무 염려하지 마세요.
하미드, 책상 위에 정리 좀 해라.
비행기가 다니는 길을 항로라고 해요.
대한민국 대통령 문재인.

12. 코 울림소리 5

❖ **받침 ㅂ, ㄱ + ㄹ ⇒ [ㄹ→ㄴ]**

문법론 **[문뻡논→문뻠논]**, 교육론 **[교육논→교융논]**
수업료 **[수업뇨]→[수엄뇨]**, 대학로 **[대학노]→[대항노]**,
법률 **[범뉼]**

《연 습》

❖ **발음을 쓰세요.**

기억력 [ ]

압력 [ ]

대학로 [ ]

수업료 [ ]

❖ **읽어 보세요.**

한국어 문법론 책은 너무 어려워요.
초등학교에서는 수업료가 없어요. 공짜예요.
우리 할머니의 기억력이 점점 나빠지고 있어요.

13. 'ㅎ' 소리 1

◆ **받침 ㅎ + ㅂ, ㄷ, ㄱ, ㅈ ⇒[ㅂ→ㅍ, ㄷ→ㅌ, ㄱ→ㅋ, ㅈ→ㅊ]**
◆ **받침 ㅂ, ㄷ, ㄱ, ㅈ + ㅎ ⇒[ㅂ→ㅍ, ㄷ→ㅌ, ㄱ→ㅋ, ㅈ→ㅊ]**

❖ **받침 ㅎ + ㅂ, ㄷ, ㄱ, ㅈ ⇒[ㅂ→ㅍ, ㄷ→ㅌ, ㄱ→ㅋ, ㅈ→ㅊ]**

싫더라고 **[실터라고]**, 많지요 **[만치요]**

옳다 **[올타]**, 이렇게 **[이런케, 이러케]**

좋다**[졷타, 조타]**

《연 습》

❖ **발음을 쓰세요.**

좋겠다 [ ]

싫다 [ ]

이렇게 [ ]

좋잖아 [ ]

어떻게 [ ]

않도록 [ ]

파랗다 [ ]

넣고 [ ]

끊다 [ ]

끊지 [ ]

뽀얗고 [ ]

❖ 읽어 보세요.

중국어와 한국어는 어떻게 다를까요?
어제 본 영화 좋던데요.
받아쓰기 백점을 받아서 좋겠다.
전화를 끊지 말고 잠깐만 기다리세요.
그렇다면 생각을 먼저 하고 연락해 주세요.
하늘이 정말 파랗다.

14. 'ㅎ' 소리 2

❖ **받침 ㅂ, ㄷ, ㄱ, ㅈ + ㅎ ⇒[ㅂ→ㅍ, ㄷ→ㅌ, ㄱ→ㅋ, ㅈ→ㅊ]**

급하다 **[그파다]**, 맏형 **[마텽]**, 익힘책 **[이킴책]**

앉히고 **[안치고]**, 축하 **[추카]**, 낙하산 **[나카산]**

못해요 **[몯해요 → 몯태요, 모태요]**

《연 습》

❖ **발음을 쓰세요.**

익힘책 [ ]

않고 [ ]

역할 [ ]

급하게 [ ]

밥하고 [ ]

입학 [ ]

맏형 [ ]

생각해 [ ]

국화 [ ]

밟혔어요 [ ]

따뜻한 [ ]

앉혔어요 [ ]

계속해서 [ ]

❖ 읽어 보세요.

보기와 같이 묻고 대답해 보세요.
진짜 착한 제 친구의 생일을 축하해요.
길이 많이 막혀서 늦었습니다.
저는 아랍어는 잘 못해요.
국회는 법을 만들거나 고치는 기관입니다.
장마철은 날씨가 습해요.
오늘 날씨를 알아맞혔네요.

15. 복합어 'ㄴ' 첨가 발음

❖ **받침 + 이(이, 야, 여, 요, 유) ⇒ [+ㄴ]**
⇒ **이→니, 야→냐, 여→녀, 요→뇨, 유→뉴**

색연필 **[색년필→생년필]**

신혼여행 **[신혼녀행]**, 담요 **[담뇨]**

졸업여행 **[조럽녀행→조럼녀행]**, 나뭇잎 **[나묻닙→나문닙]**

공공요금 **[공공뇨금]**, 늦여름 **[늗녀름→는녀름]**

꽃잎 **[꼳닙→꼰닙]**, 앞일 **[압닐→암닐]**

❖ **발음을 쓰세요.**

저녁-약속 [ ]

내복-약 [ ]

눈-요기 [ ]

맨-입 [ ]

밭-일 [ ]

못-여성 [ ]

옛-일 [ ]

깻-잎 [ ]

발음-연습 [ ]

앞-일 [ ]

구급-약 [ ]

연습-용 [ ]

콩-엿 [ ]

식용-유 [ ]

짓-이기다 [ ]

바깥-일 [ ]

계산-역 [ ]

❖ 읽어 보세요.

학교 수업이 끝나고 계산역에서 7시에 만나요.
앞일은 누구도 알 수가 없어요.
무궁화 꽃은 꽃잎이 참 예쁘네요.
빨간색 색연필로 색칠하세요.
한국어 기초 1과 2로 발음연습을 하세요.

16. 'ㄹ' 'ㄹ' 소리

❖ **받침 ㄹ + ㄴ ⇒ [ㄹ + ㄹ]**
받침 ㄴ + ㄹ ⇒ [ㄹ + ㄹ]

실내화 **[실래화]**, 편리 **[펼리]**, 설날 **[설랄]**

발냄새 **[발램새]**, 전량 **[절량]**, 잃는 **[일른]**

논리 **[놀리]**, 신라 **[실라]**, 연락 **[열락]**

《연 습》

❖ **발음을 쓰세요.**

난리 [ ]

물냉면 [ ]

신라 [ ]

생일날 [ ]

한라산 [ ]

천리 [ ]

핥는 [ ]

실내화 [ ]

❖ 읽어 보세요.

지하철이 버스보다 빠르고 편리해요.
신발을 벗지 마! 발냄새가 지독해.
설날에 시골 할머니 댁에 다녀왔어요.
천리 길도 한 걸음 부터래요.
실내에서는 실내화를 신으세요.
정부에서는 오염된 달걀을 전량 폐기하기로 했다.

17. 된소리 1

❖ **받침 ㅂ, ㄷ, ㄱ + ㅂ, ㄷ, ㅅ, ㅈ ,ㄱ**
⇒ **[ㅂ→ㅃ, ㄷ→ㄸ, ㅅ→ㅆ, ㅈ→ㅉ, ㄱ→ㄲ]**

체육복 **[체육뽁]**, 덥다 **[덥따]**, 숙제 **[숙쩨]**

늦게 **[늗게→늗께]**, 맞대고 **[맏대고→맏때고]**

섰지요 **[섣지요→섣찌요]**, 맞게 **[맏게→맏께]**

밥보다 **[밥뽀다]**, 맞지 **[맏지→맏찌]**, 밥도 **[밥또]**

밟지 **[밥찌]**, 밟고 **[밥꼬]**, 복사기 **[복싸기]**

목줄 **[목쭐]**, 없잖아 **[업짜나]**, 낡고 **[날꼬]**

《연 습》

❖ **발음을 쓰세요.**

먹지 [ ], **먹고** [ ]

먹던 [ ], **먹보** [ ]

곧장 [ ], **몇 번** [ ]

정했다 [ ], **듣거나** [ ]

낙지 [ ], **즐겁게** [ ]

뒷부분 [ ], **듣다가** [ ]

첫사랑 [ ], **숙제** [ ]

늦게 [ ], **복사기** [ ]

읽던 [ ], **섰지요** [ ]

읽기 [ ], **씻고** [ ]

꽃다발 [ ], **학생** [ ]

몇 시 [ ], **가엾다** [ ]

뒷받침 [ ], **벗기고** [ ]

놀잇감 [ ], 나뭇가지 [ ]

이삿짐 [ ]

❖ **읽어 보세요.**

장난감 가게에는 놀잇감이 많아요.
중국에 갔다 왔어요.
즐겁게 물놀이를 했어요.
우리 앞집에는 대가족이 살아요.
농구공을 받다가 손가락을 다쳤어요.
오늘 늦게 일어나서 학교에 지각을 했어요.
콩쥐 팥쥐 이야기를 읽으세요.
연이 나뭇가지에 걸렸어요.
손 씻고 밥 먹어라.
지난 일요일에 할머니를 뵙고 왔어요.
이삿짐이 많아서 트럭이 3대나 왔어요.
동짓날에는 팥죽을 먹어요.

18. 된소리 2

❖ **동사, 형용사 받침 ㄴ, ㅁ + ㄷ, ㅈ, ㄱ ⇒ [ㄷ→ㄸ, ㅈ→ㅉ, ㄱ→ㄲ]**

안다 **[안따]**, 안지 **[안찌]**, 안고 **[안꼬]**

검다 **[검따]**, 검지 **[검찌]**, 검고 **[검꼬]**

앉다 **[안따]**, 앉지 **[안찌]**, 앉고 **[안꼬]**

닮다 **[담따]**, 닮지 **[담찌]**, 닮고 **[담꼬]**

《연 습》

❖ **발음을 쓰세요.**

신다 [ ], 신고 [ ]

신지 [ ], 참다 [ ]

참고 [ ], 참지 [ ]

삶다 [ ], 삶고 [ ]

삶지 [ ], 남다 [ ]

남지 [ ], 남고 [ ]

숨다 [ ], 숨지 [ ]

숨고 [ ], 신더니 [ ]

안고 [ ], 안다 [ ]

옮지 [ ], 감다 [ ]

❖ 읽어 보세요.

팔이 아파요. 아기를 안지 말고 업고 가세요.
소변을 오래 참다가 쉬는 시간에 화장실로 뛰어 갔어요.
공부를 빨리하면 시간이 많이 남지요.
새 구두를 신었더니 발이 아파요.
눈을 감다가 떴다가 계속 깜박였어요.

19. 된소리 3

❖ **동사, 형용사 을/ㄹ + ㅂ, ㄷ, ㅅ, ㅈ, ㄱ**
⇒ [ㅂ→ㅃ, ㄷ→ㄸ, ㅅ→ㅆ, ㅈ→ㅉ, ㄱ→ㄲ]

같이 갈 분 **[가치 갈 뿐]**
갈 데가 없어요 **[갈떼가 업써요]**
볼수록 **[볼쑤록] 예쁜 여자**
수영할 줄 **알아요. [수영 할 쭐 아라요]**
할 거예요 **[할 꺼예요]**

《연 습》

❖ **발음을 쓰세요.**

아닐 걸요. [ ]

매운 김치는 먹을 줄 몰라요. [ ]

갈 데가 있어요. [ ]

맞을 걸요. [ ]

한 번 해 볼게요. [ ]

칭찬할 점. [ ]

좋을지 안 좋을지 모르겠어요. [ ]

❖ 읽어 보세요.

내일은 날씨가 좋을 것 같다,
같이 갈 데가 있어요.
학 접기는 어렵지만 한 번 만들어 볼게요.
여름 방학에 여행을 갈 거예요.
시간이 없어서 갈 수 있을지 모르겠네.
시간이 될지 안 될지 모르겠어.
수영장에 이렇게 사람이 많을 줄 몰랐어요.
어릴 때 수영을 배워서 수영할 줄 알아요.

20. 된소리 4

❖ **합성어받침 ㄴ, ㄹ, ㅁ, ㅇ+ ㅂ, ㄷ, ㅅ, ㅈ, ㄱ**
⟹ **[ㅂ→ㅃ, ㄷ→ㄸ, ㅅ→ㅆ, ㅈ→ㅉ, ㄱ→ㄲ]**

손-가락[손까락], 손-등[손뜽], 눈-짓[눈찓], 밀-가루[밀까루]

쌀-집[쌀찝], 돌-집[돌찝], 비빔-밥[비빔빱], 김-밥[김빱], 보름-달[보름딸]

땅-바닥[땅빠닥], 빵-집[빵찝], 콩-국[콩꾹], 눈-동자[눈똥자]

《연 습》

❖ **발음을 쓰세요.**

손-등 [ ], 안-방 [ ]

물-고기 [ ], 발-가락 [ ]

쌀-값 [ ], 고민-거리 [ ]

길-가 [ ], 거스름-돈 [ ]

보름-달 [ ], 초승-달 [ ]

용-돈 [ ], 콩나물-국 [ ]

눈-살 [ ], 눈-짓 [ ]

❖ 읽어 보세요.

사람의 손가락은 다섯 개예요.
반찬가게에서 김치를 샀어요.
눈짓은 눈을 찡긋하는 모습이다.
밀가루로 빵을 만든다.
쌀집에서 쌀을 팔아요.

비빔밥은 여러 가지 나물과 고기를 밥과 비벼서 먹는 것이에요.
김밥은 김 위에 밥과 여러 가지 반찬을 둘둘 말아서 만들어요.
빵은 빵집에서 사요.
오늘 길을 걷다가 땅바닥에서 100원을 주웠어요.
콩을 갈아서 만든 콩국에 얼음을 넣고 먹으면 시원하고 맛있어요.

❖ 읽어 보세요. (예외)

용돈[용똔], 거스름돈[거스름똔], 잔돈[잔돈]
빵집 [빵찝], 기와집 [기와집],
안방[안빵], 작은방[자근방], 노래방[노래방]
보름달[보름딸], 반달[반달]
김밥[김빱], 찰밥[찰밥], 볶음밥[보끔밥]

21. 된소리 5

❖ **한자어 받침 ㄹ + ㄷ , ㅅ, ㅈ**
⇒[ㄷ→ㄸ, ㅅ→ㅆ, ㅈ→ㅉ]
한자어 받침 ㄹ + ㅂ, ㄱ
⇒[ㅂ→ㅂ, ㄱ→ㄱ]

❖ **읽어 보세요.**

발달[**발딸**], 발생 [**발쌩**]

발전[**발쩐**], 열대야[**열때야**]

열정[**열쩡**], **발견[발견], 열병[열병]**

한국의 여름은 밤에도 열대야로 너무 더워요.
소방차가 출동해서 불을 끕니다.
인터넷이 발달해서 어디에서나 인터넷을 할 수 있어요.

열기구를 타고 하늘 높이 올라갑니다.
학교에서 고양이 한 마리를 발견했다.

22. 'ㄹ' 탈락

❖ 동사, 형용사 받침 ㄹ + ㄴ, ㅂ, ㅅ ⇒ ~~ㄹ~~

❖ 빈칸에 알맞은 말을 쓰고 읽으세요.

	-지 않아요	-(으)니까	-ㅂ니다	-세요
덜다	덜지 않아요	더니까	덥니다	더세요
달다	달지 않아요			
걸다	걸지 않아요	거니까	겁니다	거세요
멀다	멀지 않아요			
알다	알지 않아요	아니까	압니다	아세요
살다	살지 않아요			
열다	열지 않아요	여니까	엽니다	여세요
팔다	팔지 않아요			
놀다	놀지 않아요	노니까	놉니다	노세요
만들다	만들지 않아요			
울다	울지 않아요	우니까	웁니다	우세요
들다	들지 않아요			
힘들다	힘들지 않아요	힘드니까	힘듭니다	힘드세요

❖ 읽어 보세요.

어제 전화를 거니까 안 받더군요.
제 이름을 아세요?
아기가 잠을 안자고 웁니다.

23. -습니다, -ㅂ니다

❖ '다'앞 받침O ⇒ 습니다[슴니다]
'다'앞 받침 X '다'앞 ㄹ받침 ⇒ ㅂ니다[ㅁ니다]

❖ 빈칸에 알맞은 말을 쓰고 읽으세요.

기본형	받침 O ⇒ 습니다 / 받침 X, ㄹ받침 ⇒ ㅂ니다
먹다	먹습니다[먹슴니다]
눕다	
재미있다	
맛없다	
가다	갑니다 [감니다]
오다	
공부하다	
기다리다	
예쁘다	
나쁘다	
알다	압니다
놀다	

❖ 읽어 보세요.

밥을 먹습니다.
집에 갑니다.
학급 회의를 열었습니다.
좋은 방법이 떠오르지 않았습니다.
철수가 말을 했습니다.

우리는 매일 오전에 공부를 합니다.
쉬는 시간에는 놉니다.
전화를 겁니다.
떡볶이는 맵지만 맛있습니다.

24. -아요, -어요, 해요

❖ (ㅗ, ㅏ) ⇒ 아요 / (ㅓ,ㅜ,ㅡ,ㅣ) ⇒ 어요 / (하다) ⇒ 해요

❖ 빈칸에 알맞은 말을 쓰고 읽으세요.

기본형	아요 (ㅗ, ㅏ)	어요 (ㅓ,ㅜ,ㅡ,ㅣ)	해요(하다)
오다	와요		
가다	가요		
먹다		먹어요	
배우다		배워요	
예쁘다		예뻐요	
기다리다		기다려요	
하다			해요
알다	알아요		
바쁘다	*바빠요		
아프다	*아파요		
공부하다			
만들다			
앉다			

기본형	아요 (ㅗ, ㅏ)	어요 (ㅓ,ㅜ,ㅡ,ㅣ)	해요(하다)
보다			
주다			
놀다			
많다			
적다			
잃어버리다			
감다			
쉬다			
열다			
지우다			
무겁다			
느리다			
더럽다			
쓰다			
시다			
짜다			

25. '의' 발음

(발음을 쓰고 읽어보세요.)

❖ 앞 '의' ⇒ [의]
의사 [의사], 의복 [의복], 의무 [의무]

의자 [ ]

의학 [ ]

의존 [ ]

❖ 뒤 '의' ⇒ [이]
유의 [유이], 의의 [의이], 주의 [주이]

사의 [ ]

편의점 [ ]

주치의 [ ]

문의 [ ]

❖ 자음 + '의' ⇒ [자음 + 의, 자음 + 이]
희망 [희망, 히망], 무늬 [무늬, 무니]

연희동 [ ], 띄어쓰기 [ ]

❖ 조사 '의' ⇒ [의, 에]
북경의[북경의 / 북경에] 날씨

서울의 [/] 날씨

영희의 [/] 책

❖ 읽어 보세요.

가게 안으로 들어와서 주인에게 문의하세요.
나는 의사가 될 희망으로 의학공부를 한다.
조사 뒤에는 띄어쓰기를 하세요.
주치의 의사 선생님을 한 달에 한 번 만나요.
의문점이 있으면 물어보세요.
한국의 초등학교는 6년입니다.
선생님의 댁은 어디세요?

26. 'ㄷ' 불규칙

❖ 동사, 형용사 받침 ㄷ + 모음 ⇒ ㄷ → ㄹ

기본형	아요/어요/여요	았어요/었어요/였어요	(으)니	아서/어서
걷다	걸어요	걸었어요	걸으니	걸어서
싣다	실어요	실었어요	실으니	실어서
묻다	물어요	물었어요	물으니	물어서(問)

《연 습》

❖ 빈칸에 알맞은 말을 쓰고 읽으세요.

기본형	아요/어요/여요	았어요/었어요/였어요	(으)니	아서/어서
붇다				
일컫다				

❖ 읽어 보세요.

오리가 뒤뚱뒤뚱 걸어가요.
트럭에 물건을 실어요.
모르는 문제는 선생님께 물어보세요.

❖ ㄷ 규칙

기본형	아요/어요/여요	았어요/었어요/였어요	(으)니	아서/어서
닫다	닫아요	닫았어요	닫으니	닫아서
묻다	묻어요	묻었어요	묻으니	묻어서(흙속에)

《연 습》

❖ 빈칸에 알맞은 말을 쓰고 읽으세요.

기본형	아요/어요/여요	았어요/었어요/였어요	(으)니	아서/어서
믿다				
받다				
얻다				

❖ 읽어 보세요.

창문을 닫으니 조용해요.
김치 항아리를 땅에 묻었어요.
선물을 받았어요.

27. 'ㅂ' 불규칙

❖ **동사, 형용사 받침 ㅂ + 모음 '아'/'어'⇒ ㅂ→오, 우**
(ㅂ받침 + ㅗ, ㅏ→ 오), (ㅂ받침 + ㅓ, ㅜ, ㅡ, ㅣ→ 우)

기본형	아요/어요/여요	았어요/었어요/였어요	아서/어서
덥다	더워요	더웠어요	더워서
춥다	추워요	추웠어요	추워서
부끄럽다	부끄러워요	부끄러웠어요	부끄러워서
가볍다	가벼워요	가벼웠어요	가벼워서
돕다	도와요	도왔어요	도와서

❖ **빈칸에 알맞은 말을 쓰고 읽으세요.**

기본형	아요/어요/여요	았어요/었어요/였어요	아서/어서
곱다			
맵다			
눕다			
밉다			
무겁다			
반갑다			

기본형	아요/어요/여요	았어요/었어요/였어요	아서/어서
쉽다			
어렵다			
아름답다			
줍다			

❖ 읽어 보세요.

날씨가 더워요.
책보다 공책이 가벼워요
어제는 추웠어요.
아픈 친구를 도와서 함께 보건실에 갔어요.
한국의 가을은 단풍이 아름다워요.
침대에 누워서 일찍 잤어요.

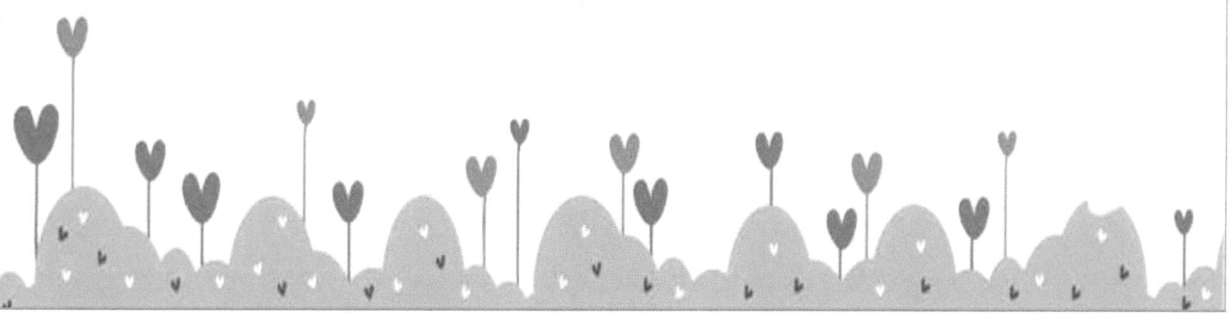

❖ ㅂ 규칙

기본형	아요/어요/여요	았어요/었어요/였어요	(으)니	아서/어서
입다	입어요	입었어요	입으니	입어서
접다	접어요	접었어요	접으니	접어서

❖ 빈칸에 알맞은 말을 쓰고 읽으세요.

기본형	아요/어요/여요	았어요/었어요/였어요	(으)니	아서/어서
씹다				
잡다				
좁다				
뽑다				

❖ 읽어 보세요.

옷을 입어요.
색종이를 접어서 학을 만들었어요.
껌을 씹어요.
길이 좁아서 차가 한 대밖에 못 지나가요.
인형 뽑기방에서 곰 인형을 뽑았어요.

28. 'ㅅ' 불규칙(탈락)

❖ **동사, 형용사 받침 ㅅ + 모음 ⇒ ✕**

기본형	고	아요/어요/여요	았어요/었어요/였어요	(으)니	아서/어서
잇다	잇고	이어요	이었어요	이으니	이어서
긋다	긋고	그어요	그었어요	그으니	그어서
낫다	낫고	나아요	나았어요	나으니	나아서

《연 습》

❖ **빈칸에 알맞은 말을 쓰고 읽으세요.**

기본형	고	아요/어요/여요	았어요/었어요/였어요	(으)니	아서/어서
젓다					
붓다					
짓다					

❖ **읽어 보세요.**

그림과 글자를 선으로 이으세요.
컵에 물을 부어요.
두통이 다 나았어요.

❖ 'ㅅ' 규칙

기본형	고	아요/어요/여요	았어요/었어요/였어요	(으)니	아서/어서
솟다	솟고	솟아요	솟았어요	솟으니	솟아서
벗다	벗고	벗어요	벗었어요	벗으니	벗어서

《연 습》

❖ 빈칸에 알맞은 말을 쓰고 읽으세요.

기본형	고	아요/어요/여요	았어요/었어요/였어요	(으)니	아서/어서
빗다					
씻다					
빼앗다					

❖ 읽어 보세요.

우뚝 솟은 철탑.
더워서 옷을 벗으니 시원해요.
더러운 손을 씻어서 깨끗해졌어요.
머리를 빗어서 묶었어요.
떨어진 나뭇잎이 차곡차곡 쌓여 갔어요.

29. 'ㅡ' 탈락

❖ 'ㅡ' +'아', '어', ⇒ ✕

기본형	고	아요/어요/여요	았어요/었어요/였어요	(으)니	아서/어서
바쁘다	바쁘고	바빠요	바빴어요	바쁘니	바빠서
예쁘다	예쁘고	예뻐요	예뻤어요	예쁘니	예뻐서
크다	크고	커요	컸어요	크니	커서

《연 습》

❖ **빈칸에 알맞은 말을 쓰고 읽으세요.**

기본형	고	아요/어요/여요	았어요/었어요/였어요	(으)니	아서/어서
아프다					
고프다					
나쁘다					
쓰다					
끄다					

❖ **읽어 보세요.**

오늘은 너무 바빠서 만날 수가 없어요.
한국어 선생님은 아주 예뻐요.
수박은 사과보다 커요.

30. '여' 불규칙

❖ **동사, 형용사 '하' + '아'/'어' ⇒ 하여 = 해**

기본형	고	아요/어요/여요	았어요/었어요/였어요	(으)니	아서/어서
하다	하고	해요	했어요	하니	해서
숙제하다	숙제하고	숙제해요	숙제했어요	숙제하니	숙제해서
청소하다	청소하고	청소해요	청소했어요	청소하니	청소해서

《연 습》

❖ **빈칸에 알맞은 말을 쓰고 읽으세요.**

기본형	고	아요/어요/여요	았어요/었어요/였어요	(으)니	아서/어서
일하다					
밥하다					
사랑하다					
좋아하다					
고마워하다					
공부하다					
합격하다					
여행하다					

❖ 읽어 보세요.

주말에 혼자 집에 있어서 심심했어요.
엄마는 아가를 사랑해요.
우리는 모두 선생님께 고마워해요.
토요일에 여행을 해요.
어제는 제가 청소를 했어요.

31. '르' 불규칙

❖ **동사, 형용사 '르' + '아'/'어' ⇒ '~~ㅡ~~' + ㄹ + ㄹ**

기본형	고	아요/어요/여요	았어요/었어요/였어요	아서/어서
모르다	모르고	몰라요	몰랐어요	몰라서
다르다	다르고	달라요	달랐어요	달라서
부르다	부르고	불러요	불렀어요	불러서

《연 습》

❖ **빈칸에 알맞은 말을 쓰고 읽으세요.**

기본형	고	아요/어요/여요	았어요/었어요/였어요	아서/어서
빠르다				
자르다				
기르다				
오르다				
게으르다				
가파르다				

❖ **읽어 보세요.**

저는 아랍어는 몰라요.
형과 저는 얼굴이 달라요.
친구 이름을 불렀어요.

❖ '르' 규칙

기본형	고	아요/어요/여요	았어요/었어요/였어요	아서/어서
들르다	들르고	들러요	들렀어요	들러서
다다르다	다다르고	다다라요	다다랐어요	다다라서
치르다	치르고	치러요	치렀어요	치러서
따르다	따르고	따라요	따랐어요	따라서

《연 습》

❖ 빈칸에 알맞은 말을 쓰고 읽으세요.

기본형	고	아요/어요/여요	았어요/었어요/였어요	아서/어서
들르다				
치르다				
따르다				

❖ 읽어 보세요.

퇴근길에 우리 집에 들러요.
옷을 사고 옷값을 치렀어요.
컵에 물을 따라서 마셨어요.

32. '러' 불규칙

❖ **동사, 형용사 '러' + '아'/'어' ⇒ 아/어 → 러**

기본형	고	아요/어요/여요	았어요/었어요/였어요	아서/어서
푸르다	푸르고	푸르러요	푸르렀어요	푸르러서
이르다	이르고	이르러요	이르렀어요	이르러서(도착)

《연 습》

❖ **빈칸에 알맞은 말을 쓰고 읽으세요.**

기본형	고	아요/어요/여요	았어요/었어요/였어요	아서/어서
푸르다				
이르다				

❖ **읽어 보세요.**

하늘이 푸르러서 바다 같아요.
목적지에 이르러서 빈손으로 왔다는 것을 알았다.

33. 'ㅎ' 불규칙

❖ 형용사 받침 ㅎ + ㄴ, ㅁ ⇒ ~~ㅎ~~
　형용사 받침 ㅎ + 아/어 ⇒ ~~ㅎ~~ + 애

❖ 빈칸에 알맞은 말을 쓰고 읽으세요.

기본형	고	아요/어요/여요	(으)ㄴ	-아서/어서
까맣다	까맣고	까매요	까만	까매서
노랗다				
빨갛다	빨갛고	빨개요	빨간	빨개서
파랗다				
하얗다	하얗고	하얘요	하얀	하얘서
어떻다				

❖ 읽어 보세요.

가을이 되니 단풍잎이 빨개요.
내 나이가 어때서요?
흑인은 얼굴색이 까매요.
눈이 와서 세상이 온통 하얘요.

❖ ㅎ 규칙

❖ 빈칸에 알맞은 말을 쓰고 읽으세요.

기본형	고	아요/어요/여요	(으)ㄴ	-아서/어서
놓다	놓고	놓아요	놓은	놓아서
좋다				
쌓다	쌓고	쌓아요	쌓은	쌓아서
닿다				

❖ 읽어 보세요.

이 손 좀 놓아주세요.
엄마, 저는 강아지가 좋아서 사고 싶어요.
얼음에 손이 닿으면 차가워요.

34. 높임 말

있다	⇒	계시다	계세요	계셔요
말하다	⇒	말씀하시다	말씀하세요	말씀하셔요
자다	⇒	주무시다	주무세요	주무셔요
먹다	⇒	잡수시다	잡수세요	잡수셔요
먹다	⇒	드시다	드세요	드셔요
알다	⇒	아시다	아세요	아셔요
하다	⇒	하시다	하세요	하셔요
앉다	⇒	앉으시다	앉으세요	앉으셔요
아름답다	⇒	아름다우시다	아름다우세요	아름다우셔요

말	⇒	말씀
밥	⇒	진지
집	⇒	댁
나이	⇒	연세
이름	⇒	성함

❖ **읽어 보세요.**

할머니의 성함을 쓰세요.
선생님은 연세가 어떻게 되세요?
주소를 말씀해 주세요.
할아버지, 댁은 어디세요?
할머니 진지 드셨어요?

35. 우리교실 한국어 기초와 발음 연습1. 2 정답

29쪽
의미[의미], 사의[사이] 희다[히다], 의무[의무], 주의[주이], 띄다[띠다]

35쪽
[악]악, 앜, 앆, [안]안, [알]알, [암]암, [앙]앙, [앋]앋, 앗, 앚, 앛, 앝, 앟, 았, [압]압, 앞

36쪽
[각]각, 갘, 갂, [간]간, [갈]갈, [감]감, [강]강, [갇]갇, 갓, 갖, 갗, 같, 갛, 갔, [갑]갑, 갚

37쪽
[낙]낙, 낰, 낚, [난]난, [날]날, [남]남, [낭]낭 [낟]낟, 낫, 낮, 낯, 낱, 낳, 났, [납]납, 낲

38쪽
[닥]닥, 닼, 닦, [단]단, [달]달, [담]담, [당]당, [닫]닫, 닷, 닺, 닻, 닽, 닿, 닸, [답]답, 닾

39쪽
[락]락, 랔, 띾, [란]란, [랄]랄, [람]람, [랑]랑, [랃]랃, 랏, 랒, 랓, 랕, 랗, 랐, [랍]랍, 랖

40쪽
[백]백, 뱈, 뱎, [밴]밴, [밸]밸, [뱀]뱀, [뱅]뱅, [밷]밷, 뱃, 뱆, 뱇, 뱉, 뱋, 뱄, [뱁]뱁, 뱊

41쪽
받다[받따, 바따]], 쌓다[싿타, 싸타], 오다[오다] 살다[살다], 갔다[갇따, 가따]

42쪽
웃다[욷따, 우따], 있다[읻따, 이따], 자다[자다], 멀다[멀다], 길다[길다], 않다[안타], 쉽다[쉽따] 닿다[닫타, 다타], 익다[익따], 입다[입따], 듣다 [듣따, 드따], 같다[갇따, 가따]

43쪽
각[각], 밖[박], 밖에[바께], 북[북], 짝[짝], 복 [복], 닦다[닥따], 책[책], 호박[호박], 낚시[낙 씨], 책은[채근], 기역[기역],
저녁[저녁], 축구[축꾸]

44쪽
반[반], 준비[준비], 한국인[한구긴], 신주머니 [신쭈머니], 친구[친구], 안녕[안녕], 니은[니은], 손뼉[손뼉], 도서관[도서관], 인사[인사], 돈[돈]

45쪽
디귿[디귿], 잇다[읻따, 이따], 시옷[시옫], 히읗 [히읃], 티읕[티읃], 무엇[무얻], 옷이[오시], 낫 [낟], 낮[낟], 끝[끋], 수컷[수컫], 낳다[낟타, 나 타] 웃다[욷따, 우따]

46쪽
낫다[낟따, 나따] 탓다[탇따, 타따] 났다[낟따, 나따], 낮다[낟따, 나따], 낟다[낟따, 나따], 낱 [낟], 낱[낟], 솥을 걸어요[소틀 거러요] 맞다[맏 따, 마따] 빗[빋], 빚[빋], 빛[빋]

47쪽
갓에[가세], 갓끈[갇끈], 굿을[구슬], 땋다[딷타, 따타], 티읕[티읃], 낯을,[나츨], 옷에[오세], 밭 [받], 숯[숟], 젖[젇], 암컷[암컫], 숯을[수츨], 꽃 은[꼬츤],

48쪽
쌀[쌀], 얼굴[얼굴], 딸기[딸기], 날씨[날씨], 연 필[연필], 일기[일기], 말하기[말하기], 날짜[날 짜], 귤[귤], 달[달], 둘[둘], 물건[물건]

49쪽
봄[봄], 이름[이름], 그림을[그리믈], 자음[자음], 조심[조심], 엄마[엄마], 짜임[짜임], 미끄럼틀이 [미끄럼트리], 다람쥐[다람쥐], 아침[아침], 몸 [몸]

50쪽
모습[모습], 비읍[비읍], 피읖[피읍], 수업이[수 어비], 잎[입], 잎에[이페], 무릎[무릅], 대답[대 답], 숲[숩], 앞[압], 아랍어[아라버], 쉽다[쉽따]

51쪽
호랑이[호랑이], 공[공], 모양[모양], 방[방], 통

[통], 종[종], 콩[콩], 이응[이응], 동물[동물], 내용[내용], 필통[필통], 가방[가방], 생각[생각]

52쪽

궁[궁], 승[승], 중[중], 총을[총을], 똥[똥], 뻥[뻥], 짱[짱], 창이[창이], 강[강], 쫑[쫑], 총[총], 빵은[빵은], 정[정], 쿵짝[쿵짝], 깡충[깡충]

53쪽

좋아요[조아요], 쌓아요[싸아요], 많을까요[마늘까요], 닿아요[다아요], 싫으면[시르면], 뚫어요[뚜러요], 괜찮아요[괜차나요]

55쪽

넋[넉], 넋이[넉씨], 몫이요[목씨요], 앉다[안따], 앉으십시오[안즈십시오], 않다[안타], 닿다[닫타, 다타], 닿아[다아], 많아요[마나요], 얹어요[언저요]

56쪽

닭[닥], 읽다[익따], 읽어요[일거요], 읽으십시오[일그십시오], 까닭[까닥], 젊다[점따], 젊어[절머], 삶다[삼따], 삶아[살마], 넓다[널따], 넓어[널버]

57쪽

얇다[얄따], 밟다[밥따], 밟아[발바], 외곬[외골], 외곬으로[외골스로], 핥다[할따], 핥아[할타], 뚫다[뚤타], 읊다[읍따], 읊어[을퍼], 닳다[달타]

58쪽

잃다[일타], 잃어버리다[이러버리다], 없다[업따], 없어지다[업서지다], 값[갑], 값이 비싸요[갑시 비싸요] 발을 밟았어요[바를 발바써요]

받침과 모음 발음

꽃이[꼬치], 꽃으로[꼬츠로], 기억에[기어게], 먹으면[머그면], 그림을[그리믈], 까닭을[까달글], 교실에서[교시레서], 계단으로[계다느로], 앉아요[안자요],

'ㅎ'받침과 모음 발음

좋은 친구[조은 친구], 괜찮아서[괜차나서], 많으므로[마느므로], 뚫어요[뚜러요], 많은 사람,[마는 사람], 괜찮은데요[괜차는데요], 많을까요[마늘까요], 않았습니다[아낟씀니다], -지 않아요[-지 아나요], 괜찮아요[괜차나요], 많아요[마나요]

'같이' 발음

곧이[고지], 솥이[소치], 여닫이[여다지], 끝이[끄치], 바깥이[바까치], 붙여쓰기[부쳐쓰기], 밑이[미치], 쇠붙이[쇠부치]

동사, 형용사 '-다' 발음

읽다[익따], 듣다[듣따], 재미있다[재미읻따], 오다[오다], 가르치다[가르치다], 예쁘다[예쁘다], 팔다[팔다], 길다[길다], 놀다[놀다], 놓다[노타, 녿타], 않다[안타], 싫다[실타], 낳다[나타, 낟타], 넣다[너타, 넏타], 노랗다[노라타, 노랃타]

곰(이), 사자(가), 엄마(가), 아빠(가), 선생님(이), 친구(가)

목적격 조사 '을/를'

학생(을), 한국어(를), 책(을), 물(을), 바나나(를)

'은/는' 조사

원숭이(는), 사슴(은), 기린(은), 하마(는), 다람쥐(는), 선생님(은), 친구(는), 이름(은)

코 울림 소리1

돕는[돔는], 갑니다[감니다], 앞니[암니], 있었습니다[이썯씀니다], 없는[엄는], 앞문[암문], 값만[감만], 월급날[월금날], 반갑네요[반감네요], 연

습문제[연습문제], 봅니다[봄니다]

코 울림 소리2

있었는데[이썬는데], 첫눈[천눈], 갔는데[간는데], 맞는데[만는데], 끝나요[끈나요],낱말[난말], 뒷모습[뒨모습], 뒷말[뒨말], 했는지[핸는지], 그랬니[그랜니], 있나요[인나요], 않았는데[아난는데], 혼잣말[혼잔말], 끝내고[끈내고], 꽃만[꼰만], 얻는다[언는다], 콧노래[콘노래], 짖는[진는], 생겼는데[생견는데],

코 울림 소리3

칡넝쿨[칭넝쿨], 작년[장년], 읽는[잉는], 긁는[긍는], 흙먼지[흥먼지], 읽는다[잉는다], 깎는[깡는], 묵념[뭉념], 박물관[방물관],

코 울림 소리4

주격조사 '이/가'

염려[염녀], 종류[종뉴], 항로[항노], 대통령[대통녕], 남루[남누], 백리[뱅니], 강릉[강능], 음료수[음뇨수]

코 울림 소리5

기억력[기엉녁], 압력[암녁], 대학로[대항노], 수업료[수엄뇨]

'ㅎ' 소리 1

좋겠다[조케따, 조켇따], 싫다[실타], 이렇게[이러케, 이런케], 좋잖아[조차나, 존차나], 어떻게[어떠케, 어떤케], 않도록[안토록], 파랗다[파라타, 파랃타], 넣고[너코, 넏코], 끊다[끈타], 끊지[끈치], 뽀얗고[뽀야코, 뽀얃코]

'ㅎ' 소리 2

익힘책[이킴책, 익킴책], 않고[안코], 역할[여칼, 역칼], 급하게[그파게, 급파게], 밥하고[바파고, 밥파고], 입학[이팍, 입팍], 맏형[마텽, 맏텽], 생각해[생가캐, 생각캐], 국화[구콰, 국콰], 밟혔어요[발펴써요, 발폈써요], 따뜻한[따뜨탄, 따뜯탄], 앉혔어요[안쳐써요, 안쳤써요], 계속해서[계소캐서, 계속캐서]

'ㄴ' 첨가 발음

저녁약속[저녕냑쏙], 내복약[내봉냑], 눈요기[눈뇨기], 맨입[맨닙], 밭일[반닐], 뭇여성[문녀성], 옛일[옌닐], 깻잎[깬닙], 발음연습[바름년습], 앞일[암닐], 구급약[구금냑], 연습용[연슴뇽], 콩엿[콩녇], 식용유[시공뉴], 짓이기다[진니기다], 바깥일[바깐닐], 계산역[계산녁],

'ㄹ' 'ㄹ' 소리

난리[날리], 물냉면[물랭면], 신라[실라], 생일날[생일랄], 한라산[할라산], 천리[철리], 핥는[할른], 실내화[실래화]

된소리 1

먹지[먹찌], 먹고[먹꼬], 먹던[먹떤], 먹보[먹뽀], 곧장[곧짱], 몇 번[멷뻔], 정했다[정해따, 정핻따], 듣거나[드꺼나, 듣꺼나], 낙지[낙찌], 즐겁게[즐겁께], 뒷부분[뒤뿌분, 뒫뿌분], 듣다가[드따가, 듣따가], 첫사랑[첟싸랑], 숙제[숙쩨], 늦게[늗께], 복사기[복싸기], 읽던[익떤], 섰지요[섣찌요], 읽기[일끼], 씻고[씯꼬], 꽃다발[꼳따발], 학생[학쌩], 몇시[멷씨], 가엾다[가엽따], 뒷받침[뒤빠침, 뒫빧침], 벗기고[버끼고 벋끼고], 놀잇감[노리깜, 노릳깜], 나뭇가지[나무까지, 나묻까지],

이삿짐[이사찜, 이삳찜]

된소리 2

신다[신따], 신고[신꼬], 신지[신찌], 참다[참따], 참고[참꼬], 참지[참찌], 삶다[삼따], 삶고[삼꼬], 삶지[삼찌], 남다[남따], 남지[남찌], 남고[남꼬], 숨다[숨따], 숨지[숨찌], 숨고[숨꼬], 신더니[신떠니], 안고[안꼬], 안다[안따], 옮지[옴찌], 감다[감따]

된소리 3

아닐 [껄]요, 매운 김치는 머글 [쭐] 몰라요, 갈 [떼]가 읻써요, 마즐 [껄]요, 한 번 해 볼[께]요, 칭찬할 [쩜], 조을 [찌] 안 조을 [찌] 모르겓써요.

된소리 4

[손뜽], [안빵], [물꼬기], [발까락], [쌀깝] , [고민꺼리], [길까], [거스름똔], [보름딸], [초승딸] [용똔], [콩나물꾹], [눈쌀], [눈찔]

'ㄹ' 탈락

다니까 답니다 다세요
머니까 멉니다 머세요
사니까 삽니다 사세요
파니까 팝니다 파세요
만드니까 만듭니다 만드세요
드니까 듭니다 드세요

-습니다, -ㅂ니다

높습니다, 재미있습니다, 맛없습니다, 봅니다, 기다립니다, 공부합니다, 예쁩니다, 나쁩니다, 놉니다

-아요, -어요, 해요

마셔요, 만들어요, 앉아요, 봐요, 줘요, 놀아요, 많아요, 써요, 잃어버려요, 감아요, 쉬어요, 열어요, 지워요, 무거워요, 느려요, 더러워요, 시어요, 짜요

'의' 발음

[의자], [의학], [의존], [사이], [펴니점], [주치이], [연히동], [띠어쓰기], [무니],
서울의[의/에] 날씨
영희의[의/에] 책

'ㄷ' 불규칙

불어요, 불었어요, 불으니, 불어서
일컬어요, 일컬었어요, 일컬으니, 일컬어서

'ㄷ' 규칙

믿어요, 믿었어요, 믿으니, 믿어서
받아요, 받았어요, 받으니 받아서
얻어요 얻었어요 얻으니 얻어서

'ㅂ' 불규칙

고와요, 고왔어요, 고와서
매워요, 매웠어요, 매워서
누워요, 누웠어요, 누워서
미워요, 미웠어요, 미워서
무거워요, 무거웠어요, 무거워서
반가워요, 반가웠어요, 반가워서
쉬워요, 쉬웠어요, 쉬워서
어려워요, 어려웠어요, 어려워서
아름다워요, 아름다웠어요, 아름다워서
주워요, 주웠어요, 주워서

'ㅂ' 규칙

씹어요, 씹었어요, 씹으니, 씹어서
잡아요, 잡았어요, 잡으니, 잡아서
좁아요, 좁았어요, 좁으니, 좁아서
뽑아요, 뽑았어요, 뽑으니, 뽑아서

'ㅅ' 불규칙(탈락)

젓고, 저어요, 저었어요, 저으니,
저어서
붓고, 부어요, 부었어요, 부으니,
부어서
짓고, 지어요, 지었어요, 지으니,
지어서

'ㅅ' 규칙

빗고, 빗어요, 빗었어요, 빗으니,
빗어서
씻고, 씻어요, 씻었어요, 씻으니,
씻어서
빼앗고, 빼앗아요, 빼앗았어요, 빼앗으니,
빼앗아서

'ㅡ' 탈락

아프고, 아파요, 아팠어요, 아프니,
아파서
고프고, 고파요, 고팠어요, 고프니,
고파서
나쁘고, 나빠요, 나빴어요, 나쁘니,
나빠서
쓰고, 써요, 썼어요, 쓰니,
써서
끄고, 꺼요, 껐어요, 끄니,
꺼서

'여' 불규칙

일하고, 일해요, 일했어요,
일하니, 일해서
밥하고, 밥해요, 밥했어요,
밥하니, 밥해서
사랑하고, 사랑해요, 사랑했어요,
사랑하니, 사랑해서
좋아하고, 좋아해요, 좋아했어요,
좋아하니, 좋아해서
고마워하고, 고마워해요, 고마워했어요,
고마워하니, 고마워해서
공부하고, 공부해요, 공부했어요,
공부하니, 공부해서
합격하고, 합격해요, 합격했어요,
합격하니, 합격해서
여행하고, 여행해요, 여행했어요,
여행하니, 여행해서
심심하고, 심심해요, 심심했어요,
심심하니, 심심해서

'르' 불규칙

빠르고, 빨라요, 빨랐어요,
빨라서
자르고, 잘라요, 잘랐어요,
잘라서
기르고, 길러요, 길렀어요,
길러서
오르고, 올라요, 올랐어요,
올라서
게으르고, 게을러요, 게을렀어요,
게을러서
가파르고, 가팔라요, 가팔랐어요,
가팔라서

'르' 규칙

들르고, 들러요, 들렀어요, 들러서
치르고, 치러요, 치렀어요, 치러서
따르고, 따라요, 따랐어요, 따라서

'러' 불규칙

푸르고, 푸르러요, 푸르렀어요,
푸르러서
이르고, 이르러요, 이르렀어요,
이르러서

'ㅎ' 불규칙

노랗고, 노래요, 노란, 노래서
파랗고, 파래요, 파란, 파래서
어떻고, 어때요, 어떤, 어때서

'ㅎ' 규칙

좋고, 좋아요, 좋은, 좋아서
닿고, 닿아요, 닿은, 닿아서

우리교실 한국어기초와 발음 연습책

발　행 | 2018년 03월 14일
저　자 | 이 경 미
펴낸이 | 한건희
펴낸곳 | 주식회사 부크크
출판사등록 | 2014.07.15.(제2014-16호)
주　소 | 경기도 부천시 원미구 춘의동 202 춘의테크노파크2단지 202동 1306호
전　화 | 1670-8316
이메일 | info@bookk.co.kr

ISBN | 979-11-272-3535-2

www.bookk.co.kr